中小学教师 培训用书

中小学课题研究

陈 岩◎主 编

ZHONGXIAOXUE JIAOSHI PEIXUN YONGSHU

Zhongxiaoxue Keti Yanjiu

北京师范大学出版集团
BEIJING NORMAL UNIVERSITY PUBLISHING GROUP
北京师范大学出版社

图书在版编目(CIP)数据

中小学课题研究/陈岩主编. —北京:北京师范大学出版社,
2013.8(2025.6 重印)

ISBN 978-7-303-16631-2

Ⅰ.①中… Ⅱ.①陈… Ⅲ.①教学研究-中小学-文集
Ⅳ.①G632.0-53

中国版本图书馆 CIP 数据核字(2013)第 126990 号

出版发行:北京师范大学出版社 https://www.bnupg.com
　　　　　北京市西城区新街口外大街 12-3 号
　　　　　邮政编码:100088
印　　刷:涿州汇美亿浓印刷有限公司
经　　销:全国新华书店
开　　本:730 mm×980 mm　1/16
印　　张:11
字　　数:180 千字
版　　次:2013 年 8 月第 1 版
印　　次:2025 年 6 月第 14 次印刷
定　　价:20.00 元

策划编辑:伊师孟　　　　　　　责任编辑:齐　琳
美术编辑:纪　潇　　　　　　　装帧设计:纪　潇
责任校对:李　菡　　　　　　　责任印制:马　洁

前　言

　　教育是一种复杂的社会现象，是人类特有的社会性活动。教育是科学，科学需要求真。教育科研，是研究者借助教育理论，以有价值的教育现象为研究对象，运用相应的科研方法，有目的、有计划地探索教育规律。教育科学研究参与者不仅是研究机构、大专院校的学者专家们，还有工作在基础教育第一线的中小学教师。教育科学研究是中小学教师的职责，也是干部教师提高教育教学能力和水平的重要途径。

　　长期以来，我们的师范教育中关于教育科学研究的课程比较薄弱，以致我们大多数中小学教师知道教科研重要，但苦于不会研究，不知从何入手，影响了中小学教师的专业发展。中小学的主任、校长多数是从优秀的教师成长起来，面临从教师到教育管理者的专业转化，教育科学研究的能力是促进其专业转化与提升关键因素，也是促进教师专业发展的关键因素。

　　教育科研与课题研究，是共性与个性的关系、一般与具体的关系。课题研究是教育科研中，就某个具体题目进行的研究。教育课题研究，是加速教育科学发展的助推器，是提高教育质量的实验器，是培养中小学教师研究素质的孵化器。

　　从 20 世纪 90 年代起，海淀区的中小学干部培训就开设了《中小学教育科学研究方法》课。我们的基本做法是：选好教材，由任课教师按照教材的章节一一讲授，理论联系实际，讲授中注意结合学校实际，适时举例说明。学员认真听讲，记重点，系统地学习教育科研的基本知识和方法。脱产四个月的学习结束时，学员要交一篇论文。教科研方法课的学习与论文的写作是两个学习内容与任务，靠学员自觉地联系来完成。

　　随着基础教育课程改革的开展，我们积极思考：干部培训的课程是否也应该改革？答案是：干训课程的改革势在必行。无论是课程的观念、课程的内容、课程实施方式等都需要在课程改革的背景下重新梳理和建构。于是，我们建立了大课程观，提出干部培训的素质教育观。尝试了将教育科学研究方法课与撰写论文结合起来，以课题组为学习单位，带着工作中的实际问题上教育科学研究方法课。把问题转化为课题，举行开题论证，细化过程研究，注重成果表述，将问题意识和课题研究贯穿于培训始终。课题研究像一条线牵着学员，随着教科研方法课的教学进程，课题研究步步深入。我们不断探索，把握研究课题的前瞻性和实用性，把握研究过程的规范性和科学性，扎扎实实地把住每一个环节，形成了一大批有较高水平的教科研论文，培养了一大批中小学教科研骨干教师和管理者。

我们在多年中小学干部培训有效经验的基础上，学习参考国内外同行的研究成果与论著，对原有的互动培训教程进行了补充和整理，力求在实用上有所突破。

首先，我们坚持以课题研究为载体，将课题研究的全过程贯穿始终，为读者从事课题研究提供方法和策略上的参考。其次，侧重于课题研究操作层面的引领和指导，而非系统理论的灌输；重视案例的分析和引用，案例全部来自于一线教师教育教学和教学干部学校管理的过程性实例。最后，突出实用性的特点，本书可作为中小学教师培训和个人课题研究参考资料。

本书由陈岩主编。编写分工如下：第一讲由田领红编写，第二讲由何雪艳、孙哲编写，第三讲由孙超、汪志广、佟文京、姜芳、方进宝编写，第四讲由夏红梅编写，第五讲由李帅编写，第六讲由陈岩、王钢编写，第七讲由宋清编写，全书由陈岩、田领红统稿。在此，特别感谢海淀区教育党校原常务副校长辛旸老师，在本书编写过程中给予我们的指导！对多年来在我们研训一体的培训模式探索中做了开启性、基础性工作的韩月华、聂晓莹、葛淑玲等老领导老教师以及给予我们支持与帮助的领导和专家们表示衷心的感谢！

本书一定还存在不少缺点和不足，希望读者在阅读、使用过程中提出宝贵意见，以便在适当的时候做出必要的修订。

编者

2013 年 3 月

目 录
CONTENTS

第一讲 中小学教育科研概述

课程目标

1. 了解中小学教育科研的概念与特点；
2. 分析中小学教育科研的现状；
3. 了解中小学教育科研的研究过程及基本方法。

第一节 中小学教育科研的基本概念

一、中小学教育科研的定义

教育科研是教育科学研究的简称，是指人们运用科学方法探求教育事物的真相、性质和规律，并取得科学结论的活动。这也是教育科研的本质和目的。教育科研要运用科学的方法，遵循教育科研规律。大量的事实已经证明，凡是遵循教育科研规律，运用科学的研究方法的教育科研都能取得事半功倍的效果；而不遵循教育科研规律，盲目搞研究带来的则是事倍功半，甚至是一无所获。教育科研的结果是获得新认识，形成科学的结论，即形成科学的理论或观点。其具体表现形式就是研究报告（包括实验报告、调查报告和其他研究报告）、经验总结和科研论文等。

中小学教育科研是教育科研的一个特定领域，是中小学教师运用科学的方法，有目的、有计划地对中小学教育领域的现象和教育实践进行系统的探索，揭示教育现象的本质和客观规律的认识活动和实践活动。它以中小学教育现象和教育实践为对象，以科学的方法为手段，遵循一定的研究程序，解决重要的理论问题和实践问题，其主要目的是沟通教育理论与实践。

目前，我国中小学开展教育科研蔚然成风。"科研兴校""科研兴教"和"教师即研究者"等教育新理念已被更多的中小学教师接受，基础教育新课程改革更是要求广大中小学教师转变传统的职业角色，成为直接的教育教学研究者。"校校有课题，人人做研究"是一种普遍现象，课题研究已成为中小学教育科研的主要形式。

总体上看，中小学教育科研的繁荣与发展，中小学教师课题研究的水平与能力，与校长的重视、教师广泛积极的参与、教育行政的支持，以及专家的有效引领密切相关。

二、中小学教育科研的意义

（一）推动教育改革和发展

教育改革与教育科研相结合是学校发展的重要途径，教育改革就是要通过教育科研进行实验探讨，寻找规律，指导教育改革和实践。由于教育改革牵扯的问题方方面面，诸如教育思想、教育体制、教育内容和方法，这些都需要从理论与实践的结合上给予正确回答和提出有效的解决措施。

（二）提高教师的教学质量

教师参加教育科研，可以将教育研究和教育实践有机地结合起来。教师可把在教学实践中遇到的热点的、重要的、迫切需要解决的问题转化成课题进行研究，形成研究成果。反过来，又可以通过教育研究将教育科学由理论转化为实际应用，指导具体工作。因此，教师在自己的岗位上学习教育理论、联系教育实践、开展课题研究是提高教育教学质量行之有效的方法和手段。

（三）提升学校的管理水平

学校教育科研可以帮助学校管理者观察分析复杂多变的教育现象和教育问题，并做出符合教育规律的鉴别、判断和预测。教育行政管理人员参与课题研究，有力推动了学校管理工作的科学化。通过教育科研，改善以往凭经验办事的工作模式，将行政管理上升到学术管理，提高决策层的管理水平和决策能力。

（四）促进教师的专业化发展

为了更好地适应教育改革，广大教师必须提高自己的专业化水平，要具备现代化的教育理论素养和创造性地实施素质教育的能力。通过教育科研，教师会有目的地收集、了解、分析各种新的教育理论、观点、方法、经验，从而得到启发。并且在教育科研的过程中，教师能够注意发现和分析教育实践的各种问题，对原来的做法进行反思，从而提高解决复杂问题的应变能力和创新能力。在这个过程中，教师也完成了自身的完善和提高，促进了其专业化发展。

三、中小学教育科研的特点

中小学教育科研遵循科学研究共有的一般规律，同时具备一定的特点。

(一)实践性

1. 问题即课题

对于很多教师来说，搞教育科研遇到的最大困难就是不知道从何下手，找不到合适的研究课题。其实，教师们在教育教学中遇到的问题就应该是要研究的课题。比如，学生的成绩很差、学生纪律松散等；比如，启发式教学应该怎样操作、综合实践活动应该怎样搞等；还有一类问题，就是教师为了改进自己的专业水平，通过对自己教学行为的回顾和检讨而发现的问题，如"为什么会这样""应该做哪些调整和改进"等。

2. 教学即研究

绝大多数的教育科研最终都要在教育教学实践活动中进行、在课堂中进行，就是少数基础性的理论研究，其成果也要在教学中得到检验和应用，教育科研工作从来不是额外的工作，教学和科研也不是截然分开的"两张皮"。真正的教学活动有着科研的性质和色彩，有效的教学不是日复一日地简单重复，而是教师自觉学习新的教育成果和理论，充满激情地开展创造性探索活动；当然不是所有的教学都是教育科研，教育科研必须是"真正的教学"和"有效的教学"，除此之外，还必须符合开展教育科研的一般规范。这样说并不是混淆教学和科研的界限，降低科研的标准和要求，这恰恰是中小学教育科研的独特之处，也体现了中小学教师工作的性质和特点。例如，近年来流行的"行动研究法"，从本质上讲就是通过行动和研究的结合，创造性地运用教育理论解决现实中的实际问题。

3. 成果即成长

中小学教育科研成果既有目标指向性，又有过程性和生成性。在研究结束后，教师们将按计划对整个研究过程进行分析和总结，写出研究报告或论文，发布研究成果，同时在研究的过程中，由于教师不断主动学习最新教育研究成果，积极进行思考和创新，认真寻找有效的解决办法和教学策略，由此促进了研究者教育观念的转变、专业能力的发展、教学水平的提高及教师的整体素质得到全面提升，因此其成果既有显性的文字材料，也有隐性的技能经验。中小学教育科研的最大成果就是教师的成长和发展，这也是中小学开展教育科研的意义和目的所在；论文等不过是其能力的物化表现形式。

(二)创造性

创造性也叫做创新性。学校教育科研成果在一定程度上，要新颖、独特、有价值。具体来说，就是发现问题，提出新的观点，提供新的材料，发现新方法，形成新理论。对教师而言，形成新理论要困难些，而其他几个方面是完全可以做到的。

一项教育研究成果的创造性，可以从问题、角度、方法和效果这四个方面表现出来。从研究的问题来说，某一研究项目所研究的问题，是别人未曾研究，而且具有一定的理论价值和实际意义的；从研究的角度来说，某一科研项目虽然是别人研究过的问题，但此次研究采取了新的观察、论证角度，在某一方面能够补前人研究的不足；从研究的方法来说，某一研究项目，虽然没有更新的见解，但采用新的研究方法，为别人再研究这一问题提供一些可供借鉴的东西；从研究的效果来说，通过教学实践取得实效的教育教学研究成果，当然具有创造性。

我们必须清醒地看到，学校科研的对象是人，是教育教学活动。在学校科研过程中，我们面对的是正在成长、发展中的学生，探索必须有利于学生的发展，而绝不能以牺牲学生的健康和成长作为代价。所以，学校科研的这一特点要求研究者一方面要解放思想，不为传统观念所束缚；另一方面又要采取严谨求实的科学态度，认真细致地开展研究工作。

(三)群体性

教育科研与教育实践有密切的关系，教育科研不仅仅是教育理论工作者和专业教育科研工作者的任务，而且也是广大教育实践工作者即中小学管理者、教师的任务，因而，教育科研具有广大的群体性。除此之外，学校教育科研的群体性还表现在它的复杂性，由于学校科研的主要对象是人，研究中涉及的因素往往较多，有教师、学生、教材、教法等，且教育研究多在自然状态下进行，对研究过程的控制有一定难度。

(四)迟效性

中小学教育科研的迟效性，是指中小学教育科研的成果的显现以及在实践中的推广运用，需要有一个过程，不是立竿见影，而是一个长期的显现和持续发挥作用的过程。而且，由于学校科研的周期较长，教育效果的显示往往具有滞后性。因此，学校科研具有其特殊的复杂性。

(五)继承性

任何科研都要以前人或他人的成果为起点，而不是从"零"开始，这就是研究的继承性。对研究者来说，继承前人或他人已经获得的成果，了解前人或他人还没有解决的问题，是进行科学研究的前提。当然，在继承前人或他人的研究成果时，应持"扬弃"的态度，即继承其精华，抛弃其糟粕。

四、当前学校教育科研的发展状况及存在的问题

学校开展教育科研已成大势所趋，科研兴校、科研兴教已经成为绝大多数学校的共识。教科研正在走向规范，专业的研究队伍正在建立和壮大。学校领导越来越重视教科研工作，学校教科研过程的管理机制正在逐步形成。多数学校积极开展校本研究，内容涉及教师队伍建设、新课程课堂教学、校本课程的开发、学生学习方式、教师专业发展、育人环境、学生心理健康、课程评价等。

但是少数学校对教育科研缺乏足够的认识，科研课题开展不力，从总体情况看，影响学校教育科研发展的主要因素中依次为：缺乏专家指导、科研经费不足、上级无硬性要求、升学压力大与缺乏动力机制；没有建立课题研究的分层的专家指导制度；缺少系统的有目的的研究规划；没有落实科学的管理制度，忽略了过程管理；已经开始的课题研究，对承担者缺乏定期汇报的要求，缺少日常交流的平台。

研究课题选择上也存在非科学性现象，主要有以下几个方面。

(一)选题类型不当

偏重于理论性课题，或者热衷于政策性课题。相当一部分教师为了达到早出成果、快出成果的目的，往往倾向于选择理论性课题。

(二)选题缺乏论证

在选题过程中，需要从重要性、紧迫性、创新性、科学性与可行性等几个方面对选择的选题进行论证，以确定选题是否具有理论价值和实用价值，从而避免进入盲目性和主观想象的误区。另外，选题缺乏对当前重点的前沿课题的关注。

(三)科研的真实性和实效性有待提高

有的学校虚构材料，课题不是通过教学实验中提供的数据而得出的结论，而是人为地做出来的。课题不具有实用性，更没有推广价值，对教学没有指导意义。课题的选择针对性差，研究课题选择大而空，与实际脱钩。学校应注重

教学中的问题、矛盾、教学方法、学生发展的研究，研究角度要与日常做的工作结合起来，使工作和研究形成良性循环。

(四)盲目立项，弄虚作假

一些学校不坚持实事求是的原则，在缺乏科学论证的情况下，急功近利地盲目立项，并以申报选题的多少作为衡量学校教育科研成效的重要尺度。在课题研究过程中也往往雷声大，雨点小；重立项，轻研究，最后成为空谈。教育科研管理部门缺乏对课题研究的有效管理，指导不实，督察不实，自身学习不实，造成研究过程作假、研究投入作假，以及研究成果作假等。

(五)缺乏实用性和创新性

学校教育科研脱离教学，与教学割裂开来，使之形成互不关联的"两张皮"。一些学校的研究课题，既没有理论上的创新突破，也没有方法上的创新突破。一些名校夸夸其谈，但是却没有实质的可借鉴性。

(六)教育科研课题实施不力

学校教育科研课题经常存在有行动无研究、有研究无成果、有成果无转化、有定性无定量、有叙事无提炼、有课题无问题、有师本无校本、有分析无元分析等现象。

第二节　学校教育科研选题的一般步骤

一、调查研究，提出问题

课题始于问题，为了提出新的问题，确定研究工作的起点，就要了解前人或他人研究的情况，就需要进行深入细致的调查研究，了解有关的研究课题的发展史实和研究水平，以及今后的发展趋势，摸清进行研究的主客观条件。

调查研究有查阅资料、现场调查和专家咨询三种方法。

二、资料的分析与综合

对调查所得的资料要进行归纳整理、分析综合。去伪存真，保留其中真实可靠的材料；分析各种材料之间的相互关系，找出内在联系和问题所在；对实际的问题进行筛选；提出课题或项目。

三、提出课题的设想与设计

在调查研究与资料分析综合的基础上，确立课题的名称，明确课题的研究目的和意义，阐明研究课题要解决的问题、预期达到的目标以及课题的国内（或地区）研究水平和动向。然后提出研究所采用的方法、途径、步骤及所需的经费、设备、手段等。

四、预实验或预调查

对一些综合性的、重大的、研究因素比较复杂、探索性比较强的教育实验研究课题，往往需要进行预实验或预调查。通过模拟研究，对提出的研究目标、采用的方法和途径、研究内容进行初步的论证。

五、课题确立

课题选定后，研究者向有关学校教育科研管理部门或教育行政管理部门提出"学校教育科研课题申报表"，申报表包含以下内容。

①课题名称、研究类别、研究起止时间；

②课题负责人、参加者、承担单位或协作单位与分工；

③课题研究的目的、意义及国内外研究水平和发展趋势；

④研究的内容和采用的方法、途径、手段；

⑤预期的效果、成果的形式与去向；

⑥研究的基础和准备情况；

⑦研究的步骤；

⑧经费估算和来源；

⑨课题负责人所在单位的意见；

⑩审批单位的意见。

填写时一定要实事求是，条理清晰，文理通顺，简要明白。

第三节　中小学教育科研的基本方法

一、教育观察法

教育观察法是最基本的教育研究方法，也是最普遍运用的方法之一。它是研究者在比较自然的条件下，在一定时间、一定空间内有目的、有计划地考察并描述教育现象的方法。它具有主动性、全程性、真实性、外显性的特点。

二、教育调查法

教育调查法是研究者通过访谈、问卷、测量等特定的调查手段，有目的、有计划地搜集有关研究对象的可靠资料，从而获得关于教育现象、教育实情等，并形成关于教育现象的科学认识的一种研究方法。调查的目的是弄清情况，做到心中有数，有针对性地解决问题，要一切从实际出发，因此，调查研究是进行中小学教育科研的基本功。

三、文献研究法

文献研究法是指根据一定的研究目的和课题需要，通过查阅文献来获得相关资料，全面正确地了解所要研究的问题，找出事物的本质属性，从中发现问题的一种研究方法。文献研究法是课题研究中最基本的一种方法，所有的课题都要先进行文献研究。

四、行动研究法

行动研究法是将学校教育和教育科研相结合，由教育工作者和研究者共同参与，从教育工作需要中寻找课题，在实际教育工作中进行研究，使研究成果为教育工作者所理解、掌握和实施，从而解决实际问题的研究方法。

五、个案研究法

个案研究法是教育科学研究中的一种重要研究方法，它有着研究对象的个别性和典型性、研究内容的深入性和全面性、研究方法的多样性和综合性的特点。个案研究通常采用追踪法、追因法、临床法、产品分析法、教育会诊法这五种具体的研究方法。

六、教育实验法

　　教育实验法是研究者按照研究目的，在严格控制或特别创设的条件下，有目的、有计划地观察、记录、测定教育现象的变化，研究教育条件与教育现象之间的因果关系，从而得出科学结论的研究方法。教育实验法有三个变量，即自变量、因变量和无关变量。自变量是假定的原因变量，即我们要研究造成结果变化的量。因变量是假定的结果变量，主要是由于自变量的变化而引起某一事件结果的变化。无关变量是那些自变量和因变量以外的一切变量，统称为该实验的无关变量，也称为"第三变量"。

　　除此之外，中小学教育科研方法还有教育经验总结法、测量法、质的研究等。

教学建议

　　1. 教师引导：介绍学校教育选题的一般步骤和教科研的基本方法，并根据目前教育教学中存在的问题，提出课题，模拟课题的研究情景，选择研究方法，并模拟课题的申报等工作，教师指导并跟踪学习过程，及时进行有针对性的点评指正。

　　2. 课堂学习：明确任务目标，了解教科研的一般步骤，并根据自己工作中遇到的实际问题设定一个课题。分析本课题，选择需要采用的研究方法，并模拟研究过程，填写课题申请表。

　　3. 课后讨论：课后与同事同学进行讨论，进一步熟悉教科研的一般步骤和课题研究的基本方法，做好实训总结，撰写、交流心得体会。

思考与练习

　　根据工作中的实际问题，进行课题研究的模拟训练，熟悉教科研方法和实施步骤。

第二讲　中小学课题研究选题与开题

课程目标

1. 理解中小学课题研究选题与开题的概念；
2. 明确中小学课题研究选题与开题的过程；
3. 掌握中小学教育科研课题的正确表述及如何撰写开题报告。

第一节　中小学课题研究的选题

一、中小学课题研究选题的含义

(一)什么是选题

选题指经过选择来确定所要研究的问题，包括提出问题和确定问题。其主要考虑：

①选题要回答研究什么，为什么要研究和怎样研究的过程。

②在选题过程中，要明确研究方向和范围，要确定具体题目。

③中小学教科研选题要注重实践性、过程性。

(二)选题的意义

首先，选题是课题研究首要的研究工作，是研究的起点。

爱因斯坦曾说过："提出一个问题往往比解决一个问题更重要，因为问题也许仅仅是一个数学上或实验上的技能而已，而提出新的问题，新的可能性，从新的角度去看待旧的问题，都需要有创造性和想象力，而且标志着科学的真正进步。"

其次，选题决定教育科研的方向、水平。

最后，选题反映教育科研工作者的研究能力。

(三)选题过程中存在的问题

1. 提不出问题

提不出问题是最大的问题。解决这一问题的根本办法是加强反思训练，形成反思习惯。

2. 盲目追逐热点、时髦问题

热点问题，甚至时髦问题可以研究，从某种意义上讲，能捕捉到热点问题、时髦问题并加以研究也是研究能力强的表现。重要的是不能盲目追逐热点问题、时髦问题，盲目跟风，人云亦云，为了时髦而时髦。选题还应该密切结合鲜活的教育教学实践，密切结合研究者自身的实践，选择真问题加以研究。

3. 不能分解问题

将复杂的概括性较强的大问题分解成简单的具体的操作性强的小问题，把每一个小问题当作一个子课题加以研究，是中小学课题研究中普遍面对和需要解决的问题。

4. 缺乏理论与现实背景，研究起点不高

造成这一问题的原因主要是研究者对一些基本的教育理论掌握得不够多，不够全面；同时对现实缺乏必要的洞察、分析与反思，思维面比较窄，研究的视野受到局限，影响选题站位及理论与现实的支撑，造成研究的起点不高，从而使整个研究流于一般。

(四)中小学课题研究选题的实践流程

中小学课题研究选题的实践流程为：反思(逻辑起点，从现象入手)→罗列问题→理性思考(伴随着学习、搜集资料)→小组研磨(教师指导)→提炼、聚焦并转化为课题。

> **关于反思：**
> 反思即反观自身，对照教育原理及他人的成功经验，反思成功，总结提炼，逐步形成自己的特色，反思失败，分析原因，探索改进的思路方法，反思疑难，寻求克服困难的对策，并对想要采取的措施会带来什么结果加以分析。
> 反思中要勇于肯定自己的成绩，勇于面对自己的不足，对自己的工作进行实事求是的评价和客观的分析。

(五) 选题来源

一是从社会发展的需要出发选题；

二是从学科建设发展的需要选题；

三是从教育实践尤其是教育改革中反映出来的矛盾中选题；

四是从日常观察到的教育现象中选题；

五是从当前国内外教育信息的整理分析中选题；

六是从不同学科的交叉点中选题；

七是从师生交往中选题。

二、中小学课题研究选题的依据与标准

(一)选题的依据

课题的意义：理论意义与实践意义。

主观条件：研究者个人的研究能力、兴趣与综合能力等。

伦理条件：参与研究者要自愿参加，要对被研究的对象无伤害。

(二)什么是好的选题

问题必须是真问题(从教育实践中来)，有现实针对性。

问题有价值(理论价值或实践价值)。

问题明确，大小(涉及的因素不能太多)适度。

选题要新颖。从研究的问题和方法角度划分：新问题、新方法(这是最大的创新)；新问题，旧方法；旧问题(别人已提出问题)，新方法；旧问题，旧方法，(重复研究，就没有价值)。

可行性：考虑主客观的条件(是否具备解决问题的条件，解决问题的时机是否成熟)。

(三)中小学课题研究选题标准

1. 选题指向实践

课题要基于"我的实践"、指向"我的实践"、服务于"我的实践"。

中小学的教育科研是基于经验的实践研究。你集中关注什么问题，你就研究什么问题。我们的关注点，其实就是我们发展的生长点和落脚点。所以，只有从我们最熟悉、最关心的问题入手，开展课题研究，才能使教科研落到实处。

要研究真问题。真问题即能够解决实际问题的问题，能够解决你自己的实际问题的问题，以及自身迫切需要解决的问题。

2. 选题结合工作实际

工作实际三要素：过去，学校的历史文化传统；现状，师资专业水平、生源、校长素质、管理风格及水平、家长素质、教育教学质量、办学条件、师生身体心理健康状况、水平，学校文化(校园环境、校风、办学特色等)、社区环境(人文环境、自然环境)；未来，学校的发展潜力、趋势。

3. 选题有理有据

有理：课题应纳入教育科学的某个理论体系中加以研究和处理，使所选的课题有坚实的理论基础。

有据：课题要以一定的经验事实为依据，课题具有客观的现实基础(数字、案例、基于现实的思考等)。

4. 选题可行可操作

研究者个人具体情况，如知识基础、专业特长、教育工作的实践经验、研究兴趣、能力、精力等。

课题组成员的结构，应志趣相投、结构合理。

是否能获得充实的、真实的第一手材料。

考虑花费在教育科研上的时间、精力等能否驾驭。

总之，教育科研课题都是教育领域一些客观存在的问题，是在当前有价值的、有待探索的和能基本解决的问题。其关键词可概括为：真实、有用、科学、可行。

(四)中小学教育科研课题的表述

1. 课题的含义

课题即有待于中小学教师解决、验证或回答的问题。

一般来说，有待解决的问题主要采用行动研究法；有待验证的问题主要采用实验法；有待回答的问题主要采用调查法。

2. 课题的类型

依据不同标准，可做如下划分：

①理论性课题和应用性课题；

②宏观研究课题、中观研究课题和微观研究课题；

③纵向课题、横向课题和自选课题；

④描述性课题、相关性课题和因果性课题。

3. 课题的表述

(1)明确、完整

明确即准确、不易产生歧义。

例如，"反复抓，抓反复""尊重、平等对待学生""托起明天的太阳"等表述就不明确，不知所云。完整即题目中要包括研究对象、研究问题、研究方法，题目不能说半截话。

案例1：

原题："关于学校办学目标与教师自觉行为的调查研究"

研究对象——学校办学目标与教师自觉行为

研究问题——无

研究方法——调查研究

修订为："关于学校办学目标转化为教师自觉行为的调查研究"

研究对象——学校办学目标与教师自觉行为

研究问题——学校办学目标转化为教师自觉行为

研究方法——调查研究

案例2：

原题："关于北京市海淀区小学现代教育技术设备的研究"

研究对象——北京市海淀区小学现代教育技术设备

研究问题——无

研究方法——无

修订："关于北京市海淀区小学现代教育技术设备使用现状的调查研究"

研究对象——北京市海淀区小学现代教育技术设备

研究问题——北京市海淀区小学现代教育技术设备使用现状

研究方法——调查研究

案例3：

原题："北京市海淀区中学生责任感的研究"

研究对象——北京市海淀区中学生责任感

研究问题——无

研究方法——无

修订："北京市海淀区中学生责任感现状的调查研究"

研究对象——北京市海淀区中学生责任感

研究问题——北京市海淀区中学生责任感现状

研究方法——调查研究

案例 4：

原题：“初中生有效合作学习的研究”

研究对象——初中生有效合作学习

研究问题——无

研究方法——无

修订：“初中生有效合作学习教学策略的行动研究”

研究对象——初中生有效合作学习

研究问题——初中生有效合作学习教学策略

研究方法——行动研究

(2)具体、可行——题目宜小，可操作，小题大做

案例 1： 调动高中学生英语学习兴趣的研究

> 怎样的高中生？

改为：调动高一学生英语学习兴趣的研究

> 课内学习，还是课外学习？

再改为：调动高一学生英语课堂学习兴趣的研究

> 哪一类学生？

再改为：调动高一学困生英语课堂学习兴趣的研究

> 如何调动？

再改为：创设情景调动高一学困生英语课堂学习兴趣的研究

> 用什么方法研究？

再改为：创设情景调动高一学困生英语课堂学习兴趣的调查研究

案例 2： 青少年非智力因素研究

> 青少年的哪部分人群？

改为：北京市海淀区中学生非智力因素研究

> 非智力因素中的哪个因素？

再改为：北京市海淀区<u>中学生</u>学习动机研究

↓

> 中学生的哪部分人群？

再改为：北京市海淀区初三学生学习动机的研究

↓

> 哪一科的学习？

再改为：北京市海淀区初三学生英语学习动机的研究

——以某某学校为个案的研究

（3）一般用陈述句或疑问句表述，不能用判断句

问题通常涉及两个和两个以上的变量，并询问其关系如何。问题的陈述应简单明了，并确定关键变量。问题陈述的形式可以用陈述句，也可以用问句。问句的形式一般有三种：一是"是什么"，要求对研究对象进行识别和判定；二是"为什么"，要求回答现象的原因和目的；三是"怎么样"，要求描述研究对象或对象系统的状态和过程。采用何种陈述形式可以根据研究者个人的偏好选择。

案例1：教师可以通过反思教学向研究型教师发展

改为：实施"反思性教学"促进教师向研究型发展的研究

（4）简捷明了，题目不要太长

20字或25字是题目长度的上限，不能再长。题目不要用自己造的词，标新立异，如把爱护、启迪学生称为"爱迪生教育模式的研究"。再如，把"阅读指导法在合作学习中的应用研究"简称为"阅导法在合作学习中的应用研究"。

（5）围绕一个中心表达

尽量不用两句话，更不要用因果式表达，因为因果性关系不好证实。

案例1：加强家校合作，促进学生学习习惯的养成

改为：家庭教育对学生学习习惯影响的实验研究

案例2：构建和谐校园与发挥工会作用

改为：通过发挥工会作用构建和谐校园的实践研究

或：工会工作对构建和谐校园作用的实践研究

教学建议

1. 教师引导

(1)提供课题指南，收集汇总学生研究意向(问题)，明确选题方向；

(2)采用案例分析法，介绍选题过程方法。

2. 课堂学习

(1)确定研究意向(问题),上报汇总给指导教师;

(2)根据研究意向,结成研究小组,明确指导教师;

(3)在教师指导下,开展小组讨论,最终将研究意向(问题)转化为研究课题。

最后需要说明的是,中小学教育科研不是学出来的,也不是写出来的,本质上是做出来的。需要做中学、做中悟、做中改。

思考与练习

尝试把你的研究意向转化为正确的课题表述,说说为什么?

第二节　中小学课题研究的开题论证

一、开题论证的含义

所谓"开题论证"是在课题被批准之后,开始实际研究工作之前的一个重要步骤,是对课题全面的分析、评价、预测和对课题设计作进一步优化的过程,也是课题组提出自己的观点与假设,由专家评审组来进行评审、指导、修改,将开题论证报告进一步完善的过程。开题论证环节侧重论证研究方案是否完整而有条理,研究的目标、内容和方法三者是否匹配,人员安排是否科学合理,完成研究的条件是否落实等。

二、开题论证的意义

(一)促使课题组成员进入研究状态

在申报课题之初,大家的注意力往往集中于选题与研究思路,而对研究具体操作和课题组成员构成、安排等缺乏全面的考虑。开题论证通过对课题相关问题的研讨,可以使课题组成员的思想融入课题研究,了解本研究的前人基础、可能的生长点、继承发展要求等,主动参与研究设计,并明确自己所担当的角色、分工责任与协作要求,迅速进入研究状态。

(二)集合智慧,激发思路

较规范的开题论证,一般有课题组成员、学校领导、科研管理者、专家等人员参与，可以汇集众人的智慧，使研究方向更明确，研究思路更清晰，研究方法和手段更适切、有效。通过与专家的对话以及各人思想观点的交流与碰撞，可以产生创新的火花，而专家们对课题有关理论的阐述及研究设计中问题的分析，可以拓展研究者的视野与思路，让课题组成员对课题进行深度思考，这对夯实课题研究的基础是十分有益的。

(三)评估可行性，勾画蓝图

开题论证重在审视研究方案的明晰度与可行性，回答"怎样研究"的问题，通过开题论证中对相关问题的反复研讨、课题研究方案的再设计，对那些原本不太清晰的想法作具体化、操作化的处理，根据现有可用资源的状况，对研究活动的时空条件、人员安排和阶段目标达成要求作总体筹划，力求减少不确定因素的干扰，使研究活动建立在现实的基础上，保证研究活动的顺利进行，以达到预期的目标。这项工作实际上是在为今后的研究过程勾画一个"蓝图"，这是课题研究能够得到落实的最重要保障。

三、开题论证的过程

开题论证是研究工作的重要前奏，过程主要包括提交开题报告、召开开题论证会和修改开题报告。

(一)提交开题报告

开题报告是当课题经申报批准立项之后，课题负责人在继续深入调查研究和充分掌握资料的基础上为课题研究的具体实施而修订的报请专家论证的课题研究方案，经过专家论证后，课题实施方案更加具体、更加可操作、更加科学。所以，开题报告也被称为课题研究方案或课题论证报告。简言之，开题报告是课题承担者对教育科研课题的一种文字说明材料。

课题确立后，课题主持人要尽快组织课题组成员进行相关的学习和研讨，系统整理之后，形成开题报告，并在开题论证会召开一周至半个月前，将开题报告初稿送交到指导教师和专家手中，以便他们有较充足的时间进行认真审阅。

(二)召开开题论证会

开题论证会一般由课题组成员、指导专家和与课题研究有关人员共同参加，由课题组代表发言，向专家组介绍课题，征求专家意见，接受专家质询。因为报告已经事先送交专家，所以口头汇报应尽可能简略，重点是介绍研究思路和具体计划，选题的意义、前人的研究成果等内容则要简述。专家们一般会对课题进行较为全面的评价，并对课题计划提出调整和修改意见，一方面为了完善课题的研究方案，另一方面也对研究进行指导。除了听取专家的意见外，课题组成员也可将自己的不同观点表达出来，与专家一起研讨。

(三)修改开题报告

开题论证会后，课题组成员要汇总多方面的意见在组内研讨，并根据他们的意见及研究者自己对问题的认识，对开题报告进行修改。此番修改开题报告实际上是一个让研究计划更加完善并可行的过程，在日后的研究中，课题组要依据此报告来实施研究，同时科研管理部门，也以此为依据对课题进行全程管理。开题报告一旦形成，课题组原则上不再擅自修改研究计划，开题报告的定稿，就是一个操作性强、切实可行的课题研究行动方案，这是保证课题研究顺利进行并且取得预想研究成果的重要条件。

四、开题报告的撰写

(一)开题报告的内容及组成

开题报告体现的是课题研究的总构想，并无统一的格式要求，但是任何一份开题报告都应该把"为什么研究""研究什么""怎样研究"这三个主要问题说清楚。一般来说，通常所说的"为什么研究"包括了选题缘由、研究背景、课题研究的目的和意义，"研究什么"包括了课题的核心概念、研究的现状、研究的主要目标和内容、主要观点及创新之处、预期成果等；"怎样研究"包括课题研究的思路、过程和方法、保障措施等。在撰写过程中，可根据课题研究的实际情况，对以上内容作适当的合并与调整。

一般来说一个完整的开题报告包括以下几个部分。

课题名称

一、问题的提出(选题缘由)

二、课题研究的目的和意义

三、核心概念界定

四、相关研究动态

五、研究的主要内容

六、研究方法及步骤

(二)撰写开题报告的注意事项

1. 问题的提出（选题缘由）

这一部分放在开篇，是对为什么要提出这个问题的一个概述，让专家或其他人拿到开题报告，可以在第一眼、在短时间内对选题的缘由有一个直接并且清晰的了解。

要把你选题之初的思路进行整理，简单地说就是你依据什么（政策、法规、文件、改革方案、一些事实等），受了什么启发要进行这项研究（现实呼唤什么、需要什么、暴露出什么问题、你的思考与怀疑、想解决什么、你有什么好的做法、想推广什么等），用具体的表述方式，按照你所选课题的实际情况有针对性地表述。

在表述的时候，时间、地点、人物、文件名称一定要准确无误，体现研究的严谨性。

案例1：

小学生读经教育现状探析

——从北京地区小学读经校本课程入手的研究

之所以选择小学儿童读经教育进行研究，是基于以下两点。

第一，早在1995年，在第八届全国政协会议第016号提案《建立幼年古典学校的紧急呼吁》中，我国九位德高望重的全国政协委员赵朴初、叶至善、冰心、曹禺、启功、张志公、夏衍、陈荒煤、吴冷西联合提出了希望学校、社会重视对传统经典的诵读和教育，他们以焦急迫切的文字，为我们敲响了传统文化正处于存亡续绝关键时刻的警钟。而后，国学大师南怀瑾先生在武汉大学成立"中华经典文化导读"推广中心，团中央、少工委和中国青少年发展基金会启动了"中华古诗文诵读工程"，犹如一股春风，掀起了"学习中华经典文化，传承中华传统美德"的热潮，一时间，各种形式的经典诵读活动在大江南北、长城内外如雨后春笋般涌现。然而对与此番举动，社会各界评论不一，支持者与反对者众说纷纭。如何使读经能够科学、合理地成为教育的内容？现有的教育实践是否有值得总结、借鉴之处？有哪些经验可以推广？现实对读经教育的研究提出了呼唤，这是进行本研究的动因之一。

第二，新一轮的课程改革在我国的各个省市逐步推进着，新课改的目标中包括要使学生具有爱国主义精神，继承和发扬中华民族的优秀传统和革命传统，具有科学和人文素养，具有适应终身学习的基础知识；改变课程管理过于集中的状况，实行国家、地方、学校三级课程管理，增强课程对地方、学校及学生的适应性。基于此，以读经作为校本课程应该说是符合我国新课程改革目标的举措，然而落实到操作层面，具体应该怎么读——是视经典为不可怀疑的正统还是批判性的读经？读哪些内容——是只读儒家经典，还是要吸取各家之言？读经要达到什么目标——是记忆成诵即可，还是要理解其意？由谁来教——是由原来的语文老师来教授还是由专门研究经义国学的人来教授？怎么教——是作为课程中的选修还是必修？由此我们可以看出在新的时期，在现代教育理论的指导下如何使经典文化有效的传承并最大限度的发挥作用，在具体的操作层面还有很多问题值得研究。

【点评】此案例对于选题的缘由表述层次清晰明了，基于两个研究动因：现实对读经教育提出的呼唤、在新一轮课程改革的背景下经典文化如何有效传承。第一段主要交代了儿童读经的大背景，并用官方文件和事实作为依据，对读经的合理性进行反思；第二段从课改的角度审视儿童读经，对具体的操作层面进行思考。

2. 课题研究的目的和意义

课题研究的目的是这项研究的努力方向，是研究要达到的目标。研究意义是从理论层面、技术层面、应用层面甚至社会层面来阐述，为什么要做这样的研究的实际意义。比较而言，目的更直接、更具体、更明确，而意义应该是潜在的、长远的、影响面较大的。陈述研究的目的和意义时应从具体的课题出发，实事求是，避免求全和好高骛远的思想，应把握研究的重点。

撰写研究目的和意义的要求，

①表述要清晰，层次清楚；

②可从实践意义和理论意义两方面进行阐述；

③忌讳层次不清，目的意义与研究内容混淆。

案例2：

中青年知识分子思想政治工作的基本特点和方法创新研究

探索中青年知识分子思想政治工作的基本特点和方法创新，其目的在于：

适应新时代的发展，以新的思想政治工作方法，引导中青年知识分子树立正确的世界观、人生观、价值观、教育观、人才观，掌握科学的方法论，以优质的本职工作，有效保障推动单位和谐发展和可持续发展。

围绕中青年知识分子思想政治工作的基本特点和方法，在内容、形式、手段、机制等方面探索出有效途径，是基层党组织党建工作面临的新课题，具有如下几方面的意义。

1. 促进干部教师专业成长的需要

……

2. 单位持续发展的现实需要

……

3. 做好业务工作的需要

……

【点评】这样表述的层次非常清晰，让人一看就能将目的和意义分开，表述的语气也不同，目的就是通过这项研究想达到什么样的目的，而意义则是从三个方面来阐述：这项研究对于干部教师专业成长、单位可持续发展、做好业务工作的积极作用与影响。

案例3：

海淀区中学教学副校长岗位标准研究

本研究的目的是，通过实际调查和理论分析明确教学副校长岗位职责中存在的问题，确立教学副校长岗位职责，并提出建设性建议和解决问题的策略。即以构建教学副校长岗位职责为基础，以提高教学副校长素质为根本，以促进教学副校长专业发展为目标，以实现教学副校长专业化为愿景。

教学副校长岗位职责研究的必要性和意义表现在：

1. 实践意义

(1)为教学副校长的遴选和评鉴提供参考的依据

……

(2)为教学副校长培训机构的课程设置提供依据

……

(3)为教学副校长自我成长提供帮助

……

2. 理论意义

本研究有利于丰富关于教学副校长岗位职责的研究，系统全面地了解和把握教学副校长岗位职责的构成。……

【点评】此案例的表述应该说更加准确到位，符合实际。目的直接具体，即"确立教学副校长岗位职责，并提出建设性建议和解决问题的策略"，而意义潜在长远，从实践意义和理论意义两个方面来表述，比较全面。

案例 4：

海淀区××学区小学党组织服务群众的机制构建的研究

研究目的和意义：

从十七大以来，新时期中央、北京市和教育部门对基层党组织联系、服务群众提出的基本要求是：遇事有人管，诉求有人听，困难有人帮，利益有人护。小学基层党组织要充分发挥领导核心、政治核心作用和党员的先锋模范作用，必须紧紧围绕服务广大教职员工、凝聚人心，密切与联系广大教职员工这个核心，从调整工作职责、改进工作方式、创新活动内容等方面入手，积极推进基层党建工作创新，让教职员工政治上有地位、经济上得实惠、生活上有保障，使群众能够得到"看得见、摸得着、感受得到"的，实实在在的东西。

小学党组织构建服务群众的机制，一方面是随时代发展，小学党组织要努力适应新时期发展的要求，同时，也是党一贯的要求和作风，是在新时代背景下，提高基层党组织活力、提高党的影响力和执行力的动力来源。结合小学党组织工作的实际情况，从倾听群众心声、促进教师心理健康、帮助教师专业成长、形成学校文化特色等不同角度切入，在内容、形式、方法、途径等不同方面，探索构建联系服务群众的机制。

【点评】此案例的表述总体感觉就比较含混，更像选题缘由，而且层次不清。选题的目的和意义不必把选题的来龙去脉再介绍一遍，更不用叙述研究内容，此案例有一种不知所云之感。

3. 核心概念界定

核心概念涉及研究什么的问题，也就是开题报告的核心部分了，也是专家最关心，对研究最有指导作用的一部分。科学研究的一个重要特征就是要理性地把握研究对象，概念不清必然导致思维混乱，也会导致你的研究偏了方向。

界定核心概念时的常见问题有：

①界定不清，不能从本质上揭示概念内涵，或者所给的概念不够聚焦，对实际研究没有帮助。

②没有找准概念，对于一个课题中出现的名词，到底哪些概念是需要界定的，这是个问题，有时我们会出现界定偏题的情况，也就是没有找准概念。

案例5：

海淀区中小学德育主任岗位标准的研究

岗位标准：

是描述对岗位职责中每一项具体工作的工作要求，规定工作人员从事本职范围内各项工作应该达到的目标。

现代人力资源管理中非常重视岗位标准的制定，将其视为人力资源管理中非常重要的工作，是确定组织内各岗位完成工作所需技能、责任和知识的一个完整系统，是开展人力资源工作和提高工作效率的基础。它的主要目的有两个：第一，弄清楚企业中每个岗位都在做些什么工作；第二，明确这些岗位对员工有什么具体的职业要求，从而产生出岗位职责和岗位任职资格。

岗位标准主要包括岗位描述、岗位能力、岗位职责、岗位考核、岗位薪金、岗位培训等。

岗位描述就是确定岗位工作的具体特征，是指对相应职位的人的职责与需要具备的资格、能力要求等的说明。

工作职责是指在工作中所负责的范围和所承担的相应责任，包括完成效果等。

岗位能力主要是指针对某一行业某一工作职位提出的在职实际操作能力的一种鉴定形式。岗位能力一词出现于2001年4月份由国家人力资源和社会保障部门提出的词语。

现在的人力资源管理中常用的"能力素质模型"，也称为"胜任力模型"都是岗位能力的深化，是指担任某一特定的任务角色所需要具备的能力素质的总和。它是由美国著名的组织行为研究者大卫·麦克利兰（David McClelland）提出"能力素质"概念之后逐步发展起来的。麦克利兰将能力素质（Competency）界定为：能明确区分在特定工作岗位和组织环境中杰出绩效水平和一般绩效水平的个人特征。分五个层次：知识、技能、自我概念、特质、动机。

"岗位标准"在资料中没有明确的解释，但是"岗位标准"是"职业标准"的细化，可以参照内容如下：

职业标准在整个国家职业资格体系中处于龙头位置，起着导向作用。它引导着职业教育、职业培训、鉴定考核、技能竞赛等活动，其举足轻重的地位现在越来越清晰地呈现出来。一个统一的、符合劳动力市场目标和企业发展目标的职业标准体系，对国家职业技能开发事业的发展有决定性的意义和影响。人们越来越明确地认识到，国家职业资格证书制度的建立，职业教育、培训、鉴定、考核、竞赛和表彰系统的构架和改造，实质上是一场以职业标准为导向的改革。从全球范围看，标准导向的改革已经成为世界性职业教育改革潮流的共同目标，成为各国不约而同的行动纲领。

【点评】这个案例中的定义实际上就是一个没有聚焦的定义，看得出研究者查阅了与"岗位标准"相关的很多资料，但是未能从庞杂的资料中聚焦出一个研究需要的定义，表述显得繁多又没有焦点，实际上阻碍了客观有效的研究，或者说也无法用于指导相应的研究，很有可能造成后面的研究与这个核心概念的定义不能一致。

案例6：

教学副校长岗位标准的研究

教学副校长岗位标准：

查找资料很难找到"教学副校长岗位标准"这个词的直接解释。我们小组根据上面几个词的解释及我们在一线工作的经验定义为：

一个人在教学副校长这个岗位进行教学管理工作时，对这个人能够完成此工作的要求程度。我们对"教学副校长岗位标准"的研究包括岗位描述、岗位职责、胜任特征。

1. 岗位描述是确定岗位工作的基本特征，是指对相应职位的人的职责与需要具备的资格、能力要求等的说明。包括岗位名称、工作任务、工作职责、工作流程、工作中与其他工作人员的正式联系以及上下级关系。

2. 岗位职责是组织为完成某项任务而确立的职务与责任的统一。

3. 胜任特征是"一个人成功完成组织目标时所需求的知识、技能和态度"。

【点评】相比前一个案例，这个案例中的核心概念定义就显得比较"实用"，研究者直接聚焦出本研究中的"教学副校长岗位标准"的定义，有的概念的定义多种多样，有各家之言，要选择一个适合你的研究课题的定义，或者结合各家之言给一个自己的定义，这样的定义才对自己的研究真正的有意义。

案例7：

××学校班主任班级管理能力现状调查研究

核心概念的界定：班主任、班级管理、班主任能力

【点评】本案例把班主任、班级管理、班主任能力定为核心概念，在这一组概念中，班主任能力就显得不太恰当，从图 2-1 中我们应该能看到，班主任能力的内涵非常广泛，而本文所要研究的班级管理能力只是班主任众多能力中的一小部分，因此，本文需要界定的是"班主任班级管理能力"，而不是拆分成"班级管理"和"班主任能力"。

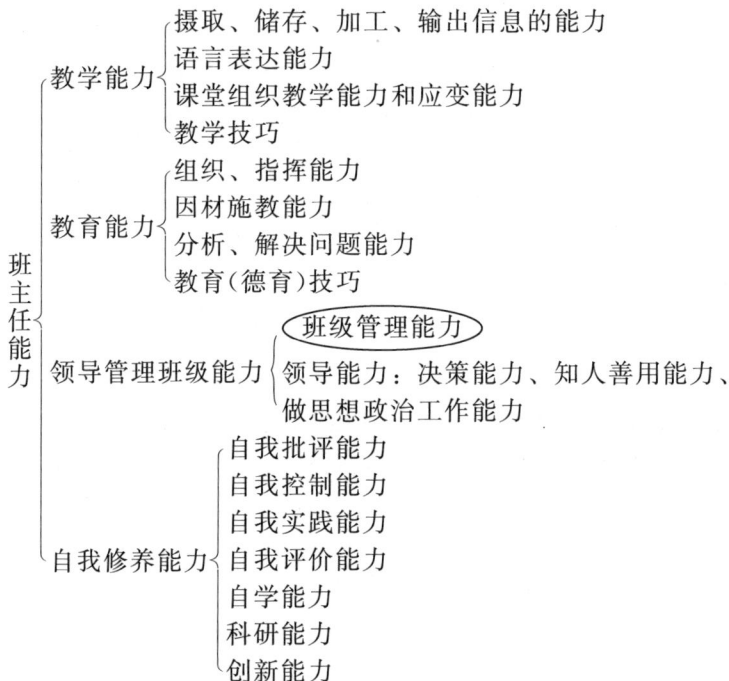

班主任能力
- 教学能力
  - 摄取、储存、加工、输出信息的能力
  - 语言表达能力
  - 课堂组织教学能力和应变能力
  - 教学技巧
- 教育能力
  - 组织、指挥能力
  - 因材施教能力
  - 分析、解决问题能力
  - 教育（德育）技巧
- 领导管理班级能力
  - 班级管理能力
  - 领导能力：决策能力、知人善用能力、做思想政治工作能力
- 自我修养能力
  - 自我批评能力
  - 自我控制能力
  - 自我实践能力
  - 自我评价能力
  - 自学能力
  - 科研能力
  - 创新能力

图 2-1 班主任能力

4. 相关研究动态

相关研究动态就是对已有研究情况的介绍和评论，目的是清楚自己的问题，说明自己的问题的重要性或必要性，同时发现存在的问题，找到研究的切入点，避免重复研究，少走弯路。这部分内容通常以文献综述的形式呈现。常见问题有：① 横向——泛化离题，② 纵向——追溯过远。

案例 8

农村中学语文课堂训练式教学模式研究

研究者围绕着训练式的定义、训练式教学的操作方式、训练式教学的突出优点展开文献检索与评述。

【点评】研究者的三个核心概念都是围绕着"训练式教学"展开，离开了"农村中学""语文课堂"这个背景来陈述，结果就以偏概全了。

案例 9

在高中化学课堂开展研究性学习的研究

研究者对研究性学习的综述从苏格拉底的"助产术"和孔子的"思学观"，到卢梭、佩斯泰洛奇、杜威的教育思想和中国的朱熹的教育思想，最后到美国的布鲁纳的结构主义等。

【点评】这位研究者一定查阅了大量的文献，但文献浩如烟海，我们不能贪多贪全，必须选择跟我们的研究主题明确相关的内容，如这个题目就要尽可能选择与高中化学课堂的研究性学习相关的资料。

5. 主要研究内容

开题报告中的研究内容，不是一个形式上的要求，它反映了研究者对课题总体把握得如何的问题，反映了对课题研究总体框架和图景是否清楚的问题，它是一项课题设计中最重要的部分，也是开题论证时专家最关注的部分。撰写这部分内容要回归到你到底想要研究什么问题，要紧紧围绕课题名称特别是核心概念从各个侧面进行思考和选择，以研究要点的形式表达，以体现研究个性和特色。

案例 10

小学生读经教育现状探析——以北京×××小学为个案的研究

第一章 关于"读经"的争论

第一节 争论的主要观点

一、赞同的观点

二、质疑的观点

第二节 对争论的回应

一、读经热潮的兴起具有合理性

二、中小学需要开展读经教育

三、读经教育的开展应当符合当代儿童的特点

第二章 ×××小学的读经教育实践

第一节 ×××小学概况

第二节 ×××小学以校本课程推进读经教育的实践探索

一、读经课程目标的确立

【点评】这个研究的内容围绕着小学生读经教育展开，主要由三部分构成：关于读经的争论、个案学校的读经教育实践、对个案的分析及得到的启示。按照这个框架，在把每一部分的内容细化，细化的内容又是紧紧围绕着本章节的主题，既符合逻辑，又要考虑资料的占有和研究的深度，这样就形成了一个比较完整系统的研究内容。这样的研究内容其实就是将来实施研究的一个框架，具有很强的指导意义。

6. 研究方法及步骤

研究方法主要反映一项课题的研究要"做些什么"和"怎样做"。具体研究方法可从下面选定：观察法、调查法、实验法、行动研究法、经验总结法、个案法、比较研究法、文献资料法。

除了要叙述清楚使用什么方法进行研究之外，还要尽可能写得细致一些。如用调查法，讲清调查的目的、任务、对象、范围，调查方法是问卷还是访谈。如果用问卷调查，最好能将设计好的问卷和问卷来源附上。如果是访谈调查，尽可能附上访谈提纲。若采用经验总结法，可以把预计总结经验的内容项目、实践方案及用何方式积累材料、预计积累哪些资料写出。

课题研究步骤也就是课题研究在时间和顺序上的安排。研究的步骤要充分考虑研究内容的相互关系和难易程度，一般情况下，都是从基础问题开始分阶段进行，每个阶段从什么时间开始至什么时间结束都要有规定。课题研究主要步骤和时间安排包括：整个研究拟分为几个阶段，各阶段完成的研究目标、任务、各阶段的主要研究步骤等。

案例 11

《海淀区教育党校"党性教育"课程开发的实践研究》的研究步骤

(一)准备阶段(2012 年 6 月至 2012 年 8 月)

制定研究方案、计划,确定研究方向。

成立课题组,选定研究人员,进行责任分工。

确定课题研究内容,申报立项,设计方案,开题论证。

(二)实施阶段(2012 年 9 月至 2012 年 12 月)

1. 搜集文献资料。

2. 定期开展课题研究的研讨活动,如专家讲座、培训、观摩、研讨等,进行方案的修改。

3. 完成研究报告的撰写,着手成果总结工作。

(三)总结推广阶段(2013 年 4 月—   )

1. 请专家做课题指导工作。

2. 提炼研究成果,将研究成果用来指导党校工作实践,接受实践检验,并不断修改完善。

【点评】案例中把研究分为三个阶段,每一个阶段都有具体的任务安排,时间规定,清晰明了,让研究有计划可循。

7. 课题组成员分析及分工

这是要确定课题组组长、课题组成员以及分工。要对课题组成员的能力和特点进行分析,以便在分工的时候发挥所长。课题组的分工必须明确合理,让每个人了解自己的工作和责任。当然在分工的基础上,也要注意全体人员的合作,大家共同研究,共同商讨,克服研究过程中的各种困难和问题。具体内容参考如下:

①课题组组长和成员的情况说明(可以用表格的形式,含职务、单位、职称、年龄等)。

②对课题组成员的分析,如学科背景、研究经验、个人特点等,并对课题组组合的优势等方面进行分析。

③分工,参考不同研究阶段的任务与研究内容。

8. 预期成果

课题研究预期成果即研究会带来什么成果,有什么对策,对于提出的问题有何解决办法等。在开题报告里写明预期成果有助于课题组成员在研究的过程中着手努力积累材料、构思框架、进行分工，以利于研究成果的顺利问世。

表现形式：专著；教具或教材；课题论文；课题研究报告；教育案例；研究音像资料；研究成果报告；课件；其他发明创造等。

撰写预期成果时需要注意：

①课题研究的成果不是工作期望的效果；

②课题研究的成果是直接、有形的成果。

案例 12

中青年知识分子思想政治工作的基本特点和方法创新研究

预期研究成果：

1. 提高中青年知识分子的工作能力、研究能力和服务水平，把一批党员培养成教育教学骨干，把一批教育教学骨干培养成为党员，使他们成为单位管理、教育教学研究、教育服务工作的骨干和中间力量。

2. 形成单位物质环境、制度机制、精神文明等特色文化，使干群和谐关系进一步增强，形成一种自主发展，与事业共成长的和谐、宽松、进取的氛围。

3. 通过总结中青年知识分子思想政治工作特点和方法研究课题实施经验，积累相关研究成果，开展经验交流，形成中青年知识分子思想政治工作特点和方法研究报告。

【点评】这个案例中前两点基本上是对于中青年知识分子思想政治工作所期望的效果，而不是这个研究所能带来的成果，只有最后一点是与课题研究相关的预期成果。

9. 参考文献

参考文献体现出是否具备了研究该问题的基础条件，是否全面深刻把握了该问题研究的基本情况，体现研究者掌握材料的广度与深度。需要注意以下问题。

①参考文献不是指写开题报告时引用的文献，而是要做的课题的参考文献。

②参考文献要讲求权威性与时效性。首先考虑的是核心期刊上发表的、权威出版社出版的、著名的专家学者撰写的文章，要用新近的研究成果，而网络上的资料要慎用。

③文献先按中外文文献分类，再按学科分大类排序，最后在各学科内再按照时间排序，所有文献用一个序号排下来。

④参考文献的类型：

M——专著　　　　　C——论文集　　　　N——报纸文章

J——期刊文章　　　D——学位论文　　　R——报告

对于不属于上述的文献类型，采用字母"Z"标识。

教学建议

（一）讲授

由专业的教科研的教师讲授开题报告的写法及注意事项，并呈现开题报告范文。

（二）小组内讨论

讨论 1：按步骤理清开题报告的思路

(1)将选题名称转换成问题；

(2)将问题分解为几个子问题；

(3)分析问题与子问题的关系；

(4)讨论解决子问题的方法并判定其可行性；

(5)分工：将问题和子问题中的相关概念明晰，并查阅每个子问题国内外研究进展如何（文献综述）；

讨论 2：讨论课题研究的主要内容和方法

(1)根据文献综述的评述结论，讨论课题研究的主要内容，可采取头脑风暴的方式；

(2)讨论内容之间的逻辑关系，每章节同研究课题的关系，拟定研究内容。

(3)根据研究内容确定研究方法。

讨论 3：讨论人员分工及进度安排

(1)对每个成员的特点进行分析，包括学科背景、职务、研究专长、手头资源等方面，确定课题组长、副组长。

(2)根据课题组成员的特点进行分工，并确定时间进度。

(3)对开题报告的撰写进行分工，并确定执笔人。

（三）撰写开题报告

（四）开题报告的评析与修改

将拟好的开题报告交给课题指导教师，并在组内讨论，对开题报告进行修改。

(五)开题论证会的组织与实施

1. 会前准备

(1)课题组完成开题报告的撰写,打印并提前一周交给专家,并告知专家时间。

(2)课题组制作开题论证的 PPT 演示文稿。

2. 情况介绍

在开题论证会上,课题组代表就研究课题的背景方向、价值意义、研究现状、目标内容、研究思路、方法与步骤、保障条件和可能成果等方面介绍开题报告。

3. 专家质疑

专家要详细审查论证报告及研究方案,针对课题研究中的具体问题,向研究者提出质疑。专家审查的内容包括:

(1)选题是否恰当;

(2)课题论证是否充分;

(3)负责人的素质或水平是否能承担此课题;

(4)课题组力量如何或分工是否得当;

(5)资料准备如何;

(6)最终成果预测如何;

(7)是否具备完成本课题所需的其他条件。

4. 相互讨论

论证会双方应全力讨论开题报告(方案),提出意见和建议,为修改和补充方案做准备。

5. 会后工作

开题论证会后,对专家的意见要认真分析和梳理,抓住关键点,修改补充研究方案,只有在严密论证的基础上实施研究计划,才能收到事半功倍的效果。

思考与练习

1. 开题论证与立项论证有哪些区别和联系?

2. 尝试选定一项研究课题,从分解问题、查阅资料入手着手完成研究方案的设计,最终按规范形成开题报告。

3. 按程序做好开题论证的准备工作,做好论证会现场组织,并完成课题的开题论证,进一步熟悉教科研方法和实施步骤。

第三讲　课题研究方法

一般来讲，教育研究包括经验研究、理论研究、分析研究、概念—哲学研究四大类别。而经验研究是教育研究的主要方法。经验研究包括量性研究和质性研究。量性研究指的是以数字方式呈现数据的经验研究；质性研究指的是以数字以外的方式呈现数据的经验研究。两者的主要区别见表 3-1。

表 3-1　质性研究与量性研究的区别

	质性研究	量性研究
理论基础	后实证主义、解释主义、建构主义	实证主义
基本观点	• 现实是多元的、建构的、整体的 • 研究者与被研究对象是互动的，不可分割的 • 时空有设，可能提出假设（独特的，非普遍性的） • 所有的存在交互形塑，不可能分清因果 • 价值连带	• 现实是孤立的、有形的、能被切割的 • 研究者与被研究对象是独立的，二元主客体 • 时空无设，可能提出概括性的结论（一般规律） • 有真实原因存在，暂时提前或同时产生结果 • 没有价值连带
对知识的认识	情境性、互动性、建构性、暂时性	客观性、确定性、规律性、因果性
看问题的视角	局内人	局外人
研究目的	阐释，理解被研究对象的观点	普遍性，预测，因果解释

续表

	质性研究	量性研究
研究途径	• 止于假设和扎根理论 • 描绘 • 研究者作为工具 • 自然状态 • 归纳 • 寻找模型 • 寻找多元和复杂 • 最小化使用数字 • 描述性写作	• 始于假设和理论 • 控制 • 使用正式(研究)工具 • 通过实验 • 演绎 • 成分分析 • 寻找一致性和规律 • 把数据转化为数字 • 写作时使用抽象语言
研究者的态度	参与,有偏倚,共情,主观	超然,公正,客观描绘
数据呈现形式	• 文字、图片、实物 • 质性数据丰富,收集费时,较少能被概括	• 数字、统计 • 量性数据效能高,能够验证假设,但可能缺乏背景细节

需要指出的是,量性研究与质性研究不是非此即彼的关系,采用哪一种研究途径取决于研究者所要研究的问题。根据研究目的和所要回答的问题,研究者可以分别采用量性研究或质性研究,也可以结合这两种研究范式,采用"混合方法"去回答所要研究的问题。

目前,教育研究采用的主要研究途径是质性研究,也有些文献采用"质的研究"的译法。国内学者陈向明是这样定义质性研究的:质性研究是以研究者本人作为研究工具,在自然情境下采用多种资料收集方法,对社会现象进行整体性探究,主要使用归纳法分析资料和形成理论,通过与研究对象互动对其行为和意义建构获得解释性理解的一种活动。它具有探索社会现象、阐释意义、发掘整体和深层社会文化结构的作用。质的研究是一个跨学科、超学科的领域,受到很多社会思潮、学术理论和研究方法的影响。质性研究非常适合教育研究,其平民性和互动性使"教师作为研究者"成为可能。本书以质性研究为主,介绍几种常用的研究方法。

方法一　文献研究法

课程目标

1. 了解什么是文献研究及为什么要做文献研究；
2. 学会文献资料搜集的技术和方法；
3. 掌握文献资料整理的技巧；
4. 了解文献综述的概念和写作原则；
5. 能够写出自己研究专题的文献综述。

一、文献研究法的概念

(一)文献研究法的基本概念

文献研究法是指根据一定的研究目的和课题需要，通过查阅书籍、期刊、政策法规、会议纪要等文本和电子影像资料，归纳梳理有效的研究信息，在全面、深入认识研究问题的基础上，把握研究现状和趋势，确定自身研究重点的研究方法。文献研究法是教育科研中最常用的一种方法，一般在调查研究之前进行。

(二)文献研究的价值

教育研究从不缺少研究资料和信息，而是缺少筛选、加工、提炼有效研究信息为我所用的能力。文献研究要解决的问题就是在浩如烟海的文献中选取那些适用于课题的资料，并对这些资料进行深入的分析和评判，从而全面理解课题研究的现有知识，为自己的研究奠定良好的基础。文献研究不是对别人的研究成果采取"拿来主义"，而是以前人的研究成果为基础，进行再次加工和深入分析，阐发自己对某一研究领域最新动态和研究成果的独到见解。有些教师认为，不做文献研究照样可以做教育科研，这是不正确的。因为，教育发展到今天，已经很难再找出一个前人从未探讨过的问题领域。通过做文献研究，可以避免研究的重复性和盲目性，提高教育研究的效益。另外，前人的研究可以为我们提供有益的研究理论、思路和方法，为我们今后的研究提供数据和理论的支撑，提供启示和借鉴，有利于我们确定自己的研究起点和方向。

(三)文献资料的搜集

1. 搜集文献资料的途径

检索和查阅文献是做好文献研究的第一步，文献研究的质量很大程度上取决于研究者对最新文献的掌握和理解程度。要进行有效的文献检索，一是尽量查阅所要研究领域的重点文献，像该领域的核心期刊、经典著作、专职部门的研究报告、专家学者的观点等。比如，你要研究教师专业发展的问题，可以查阅《教师教育研究》、教育部发布的《教师专业标准》等。二是查阅文献时要关注文献的出处，现在的书籍、期刊很多，要尽量选择那些在国内外有较高知名度和良好信誉的期刊、论文，有代表性的学术著作等。例如，多看《教育研究》《中小学管理》、人大复印资料《教育学》等期刊上的文章。三是要尽量选择年代较新的文献，最好是选择近5年的文献资料，以体现研究的最新进展情况。

对于初涉教育研究的教师来说，文献查阅可先从权威性的参考书，如专著、教材、学术论文集等开始。教材的内容比较全面系统，呈现的知识一般比较固定，为大家所公认，但往往不够深入，缺少针对性；专著是就某一专题进行集中论述，凝聚了作者对某一问题的独到见解，但往往是一家之言，不一定具有普遍适用性；学术论文集能够反映一定时期内某一学术领域的研究进展和成果，体现研究的方向和趋势，但论点比较分散。随着网络技术的发展，越来越多的研究者选择从电子期刊和网络上查找文献资料，面对鱼龙混杂的网络文献，如何去伪存真、去粗取精地查阅到可用文献，成为教育研究者面临的极大挑战。

现简单介绍几种教育研究领域的核心期刊和网上数据平台。教育研究中的主要核心期刊有：《教育研究》《北京大学教育评论》《比较教育研究》《清华大学教育研究》《教育与经济》《中小学管理》《教育理论与实践》《教师教育研究》《全球教育展望》《教育学报》《中国教育学刊》《外国教育研究》等。教育研究常用的网上数据平台有：中国知网期刊数据库、万方数据知识服务平台、维普期刊网、Google学术搜索、美国ProQuest数据库等。

2. 搜集文献资料的方法

研究题目选定后，就要围绕题目搜集文献，文献搜集要求越全越好，越新越好。搜集文献一般采用"滚雪球"法和检索法，有时二者需结合起来使用。滚雪球法首先要找到若干篇具有代表性的文献资料，然后对文本中涉及的或文本后面的参考文献列举出的文献进行再次查阅，依此类推，不断扩展，像滚雪球一样收集到自己需要的大量文献。这种方法比较简单易行，适合于一些初学者。

检索法是利用检索工具书或网站检索窗口进行查阅文献，这种方法省时省力，但对研究素养要求较高。书的目录和索引类期刊数据库都可以作为检索途径使用。另外，在平时的工作学习中，应该养成良好的积累习惯，做好读书文摘或笔记，这样日积月累、积少成多，才能在以后的文献研究中做到厚积薄发。

二、撰写文献综述

(一) 文献综述的概念

文献综述，简称"综述"，是关于文献的文献，是指针对某一研究专题，对大量原始文献中的数据、资料、主要观点进行搜集、整理、分析、系统归纳而形成的学术论文。具体讲，文献综述包括"综"和"述"两个方面。"综"是指综合，搜集"百家"之言，综合整理，使材料更加精练、更加明确、更加层次分明、更有逻辑性。"述"是指述评，结合作者的观点，对现有文献的观点和结论进行评论，以体现作者的见解。文献综述的价值主要体现在让研究者对某一研究专题的历史背景、研究现状和发展趋势有一个清晰的了解，作者的立场、观点、视角要贯穿文献综述始终。

综述不是材料、观点的简单罗列、堆砌，而是对亲自阅读和收集的材料加以归纳、总结，做出评论，发表看法，并由提供的文献资料引出重要结论。述而不评是文献综述的大忌，一篇好的综述，应当是既有观点，又有事实，应该体现作者的学术见地。综述不是写学科发展的历史，不能使用太陈旧的文献，而是要搜集最新资料，获取最新内容，将最新的信息和科研动向及时传递给读者，体现时效性和前瞻性。

(二) 文献综述撰写原则

文献综述是教育科研论文的重要组成部分，具有一定的学理规范和要求，有关文献综述具体的格式要求和写作方法将在下节介绍，现提出几点基本的撰写原则，供大家参考。

1. 综述篇幅宜短不宜长

除硕博论文及一些专业性文献综述外，一般教育科研中的文献综述字数在3000～4000字为宜。这就要求作者言简意赅、突出重点，恰当安排综述的文章结构。

2. 文献来源权威可靠

文献资料应当尽量来自"一次文献"，最好不要间接转引文献。要选取那些具有代表性、可靠性和科学性的文献加以分析，也要兼顾实证研究和思辨研究类文章。

3. 不能大段引用原文

尽量用自己的语言阐述原文作者的观点，并且从原始文献中归纳出一般结论。引用文献要忠实文献内容，不能篡改文献的内容。由于文献综述有作者自己的评论分析，因此在撰写时应分清作者的观点和文献的内容。

(三)文献综述的格式及写法

文献综述的格式一般包括四部分，即前言、正文、小结、参考文献。其中正文部分是文献综述的主体，写作方式也多种多样，需要根据研究的问题和搜集文献的状况加以灵活运用。参考文献不能省略，引文出处和注释应当齐备，参考文献要格式规范，列举能反映主题全貌的并且是作者直接阅读过的文献资料。下文对文献综述的四个部分的格式要求做一概述，并附上每一部分的写作范例，供大家参考。

1. 前言部分的写法

(1) 前言部分写作要求

前言部分的主要目的是让研究者和读者对即将综述的问题有一个大致的了解。撰写时，一般涉及研究的背景、研究的意义、综述的范围、有关概念的定义、简要介绍所要综述问题的研究现状或争论焦点等信息。这些信息可以根据需要加以选择，不需要面面俱到。前言一般 200～300 字为宜，不宜超过400 字。

(2)前言部分写作范例

范例：

"校本课程开发研究"文献综述前言

随着新一轮基础教育课程改革的展开，校本课程开发逐渐进入研究者的视野，从 1999 年开始，有关校本课程开发的论著就不断呈现。截至 2008 年，关于校本课程开发的理论研究和实践研究已整整十年了，这段时期内校本课程开发研究具体情况怎样？进展至何种程度？存在哪些问题与不足？发展趋势如何？本文采用内容分析法，主要从研究方法、研究范围、研究内容和研究视角四个维度将有关校本课程开发的研究资料进行定量分析，剖析研究间的差异，以期真实系统地把已有的研究结果反映出来，并较为客观地反映我国校本课程开发研究现状，探讨其已有研究的不足，分析其发展趋势，从而为在这一领域的后续研究提供更为有效可靠的信息资料。①

【点评】这段文献综述的前言介绍了校本课程开发研究的背景、综述的内容以及综述的方法，让读者对即将进行综述的内容有一个大致的了解，是一个简单而实用的前言。一般的文献综述前言可采用这种概括的写法，将论文中需要展开的综述内容框架做一说明，相当于内容概要。值得注意的是，像这种定量分析的文献综述越来越成为一种主流趋势。

2. 正文部分的写法

（1）正文部分写作要求

正文是综述的重点，写法多种多样，没有固定的格式。有年代顺序式综述、问题分类式综述和观点对照式综述，可根据所掌握材料的情况加以恰当选择。不管用哪一种格式综述，都要将搜集到的文献资料归纳、整理及分析比较，阐明有关主题的历史背景、现状和发展方向，以及作者对这些问题的看法和评述。

正文部分写作过程中存在的主要问题有：罗列研究者的观点（引用完一个作者的观点后，又引用另一个作者的观点）；综述范围过大，内容过于庞杂，重点不突出；仅有论点没有论据，论证过于单薄；综述的内容与所要研究的问题关系不大等。正文部分写法主要有纵式写法、横式写法和分类式写法，下面结合范例，重点介绍纵式写法、横式写法和分类式写法。

（2）正文部分写作范例

①纵式正文写作。

范例1：

当代公立学校制度变革研究述评

对教育商品化、产业化、市场化的讨论关注到公立学校的制度环境且大体经历了三个阶段：第一个阶段是20世纪80年代中期到90年代初期。受有计划的商品经济理论和1985年的《中共中央关于教育体制改革的决定》的影响，理论界有人在一般的意义上提出了教育商品化的问题。第二个阶段是从1992年到1997年。随着"社会主义市场经济"概念的确立，1993年的《中国教育改革和发展纲要》对教育体制改革提出了"适应市场体制"的新要求。教育产业化、市场化的问题由此成为研究的热点。第三个阶段是从1997年的"十五大"至今。政府开始从全面推进素质教育的高度思考深化教育改革的问题。通过教育启动内需

---

① 赵丽、范蔚. 十年来我国校本课程开发研究现状与展望[J]. 新课程研究，2009(10)：98.

拉动经济增长也成为重要的发展政策。加大公共教育财政体制的改革力度、确保教育发展中的国家责任和社会公平再度成为全社会关注的焦点。①

【点评】从时间维度，综述了当代公立学校制度变革的三个阶段，让读者清楚地了解此项研究从关注教育商品化到关注教育的国家责任和社会公平的演进脉络，以及研究重点转化背后的背景因素。纵式写法主要从时间维度展开，适合于发展动向明显、层次分明、脉络清晰的专题，如一些政策研究、教育思想演进研究等，从而勾画出这一专题的来龙去脉和发展轨迹。纵式写法要求文字上紧密衔接、层层递进，不能孤立地按时间顺序罗列事实。对一些时间跨度大、研究成果多的专题，要准确把握那些具有开创性、突破性的研究，做重点介绍，而对一般的研究从简从略，做到详略得当。同时，要分析研究中已经解决了哪些问题，还存在哪些问题，今后发展趋向如何，为自身的研究打下基础。

②横式正文写作。

范例 2

高等教育公平研究文献综述

对于高等教育公平的内涵，瑞典教育家托尔斯顿·胡森认为教育公平主要包括三方面的内容：教育起点的平等、教育过程的公平、教育结果的公平；美国学者斯蒂芬·海纳曼认为教育公平是教育资源分配的合理；克拉克教授认为高等教育公平应包含三个方面：高等教育起点公平、过程公平、结果公平。罗尔斯提出了公平三原则：平等自由的原则、机会的公正平等原则、差别原则。罗尔斯更强调差别原则，保证在资源分配中处于弱势者的利益。国外的高等教育改革也多采用补偿措施来保障弱势群体的利益。②

【点评】通过国外几个研究者对于高等育公平内涵的界定，发现他们之间的相同之处，为更深入地认识高等教育公平问题提供了比较研究的思路和方法。横式写法主要从空间维度展开，适合于国内国外、不同区域间的比较研究，如择校问题文献综述、校车安全问题文献综述等。这种文献综述主要特点在于比较，通过比较找出不同研究之间的共同点和差异性，更好地了解国内外对此问题的研究现状，借鉴先进国家和地区的成熟经验为我所用。对于一些成就类研究也可以多采用横式综述的写法，以引起同行关注，从而起到借鉴、启示和指导的作用。

---

① 康永久. 当代公立学校制度变革研究述评[J]. 比较教育研究，2004(11)：18.

② 曾妮，田晓红. 高等教育公平研究文献综述[J]. 中国电力教育，2013(1)：2.

③分类式正文写作。

范例3

<h3 align="center">教师专业发展研究述评</h3>

令人感兴趣的是，教师专业发展研究综述可以从多学科的视角中去展开，研究者们多从各自学科的基础探讨教师专业发展问题，这为我们的综述提供了丰富的文献。

（一）从哲学的角度研究教师专业发展成为一种普遍范式。有的学者在关于教师专业发展的哲学主体性思考中提出了教师主体性集中体现在独立自主性、自觉能动性、创造超越性和独特性4个方面。

（二）从心理学角度研究教师专业发展也是一种值得关注的范式。教育心理学在研究操作技能形成过程时发现：新教师教学能力的发展以及专业成长历经4个阶段。

（三）社会学视角对教师专业发展的研究。社会学对教师专业发展的研究更多的是以"教师专业社会化"或"教师社会化"为命题的。

（四）从教育学的角度对教师专业发展的研究。这类研究的重点集中在讨论课程与教师的关系问题上……①

【点评】作者从哲学、心理学、社会学、教育学不同的学科视角评述了教师专业发展的研究状况，为读者了解教师发展研究提供了诸多分析框架。分类式写法主要从内容上展开，涵盖范围较广，主要根据研究问题的学科角度、立场观点、构成要素等方面来组织文献综述。现在的教育研究可谓百家争鸣，产生的科研成果也是汗牛充栋，要将一个专题的科研成果梳理清晰并不是件容易的工作。分类式写法需要研究者透过各种各样的文献资料看到所研究问题的本质属性或研究人员的路径选择，以此来组织文献材料，才能呈现出脉络清晰的知识景象，这需要很强的归纳、分析能力。

3. 小结部分的写法

（1）小结部分写作要求

小结是文献综述的最后一部分。是在对研究文献进行梳理、分析的基础上，提出新的研究方向和研究建议，这就决定了小结部分写作的基本策略在指出目前的研究进一步发展的可能性，以及对其可能产生的重大影响和可能出现的问

---

① 朱旭东，周钧.教师专业发展研究述评[J].中国教育学刊，2007(1)：69～71.

题等趋势进行预测，从而提出新的研究设想、研究内容，建议采取的具体措施、步骤和研究方案等，并说明成果的可能性等。

（2）小结部分写作范例

范例：

"中小学内部管理制度建设模式"文献综述小结

综观上述研究，国内外教育管理学界在教育行政管理体制、校长负责制、教育政策法规等方面所进行的大量研究，为本课题的研究提供了一定的研究基础。但是关于学校内部管理制度建设方面的专门研究还相对较少，主要局限于以下几个方面的研究或讨论……并且，令人遗憾的是，这些研究的理论深度相对不够，没有在制度建设的基本理论方面进行较为深入、系统地论述，比如，制度到底是如何产生的、影响制度执行效果的因素有哪些……①

【点评】这个文献综述的小结为展望式结构，既肯定前人为该领域研究打下的研究基础，同时要说清前人研究在哪些方面存在不足，较好地做出了批判性总结，为自己的研究提供了线索和思路。小结部分的论述要衬托出作进一步研究的必要性和理论价值，结合自己对文献的把握和理解，提出自己的见解，使读者更加明确该综述的主要观点和内容，哪些观点比较成熟、可信，哪些问题有待深入研究。如果是开题报告前的文献综述，需要把想做什么阐述清楚。

4. 参考文献部分的写法

（1）参考文献写作要求

参考文献要在文献综述的文后列出，它是文献综述重要的组成部分，一般不能省略。它除了表示对被引证者的劳动尊重及表明文章引用资料的根据外，更重要的是使读者打算对某些问题进行深入研究时，能够查找到有关文献的线索。

参考文献的编排应条目清楚，格式规范，查找方便，内容准确无误。不同单位对参考文献的格式和数量要求大同小异。参考文献一般来说，应该包括作者、文献名称、文献类型、发表（出版）单位、发表（出版）时间、页码等几项。对于中小学课题研究者来说，参考文献的引用数目，期刊控制在30条以内，其他文献限制在5条以内，时间上以近5年的资料为宜。纸质文献类型包括：专著[M]，论文集[C]，报纸文章[N]，期刊文章[J]，学位论文[D]，报告[R]，

---

① 陈玉云．教育教学文献综述的撰写[J]．教学与管理，2009(6)：35.

标准[S]，专利[P]，论文集中的析出文献[A]。电子文献类型：数据库[DB]，计算机[CP]，电子公告[EB]，互联网[OL]，光盘[CD]，磁带[MT]，磁盘[DK]。

（2）参考文献写作范例

[1] 孙平．食品添加剂[M]．北京：中国轻工业出版社，2010：15～18.

[2] 辛希孟．信息技术与信息服务国际研讨会论文集：A 集[C]．北京：中国社会科学出版社，1994.

[3] 张筑生．微分半动力系统的不变集[D]．北京：北京大学数学系数学研究所，1983.

[4] 冯西桥．核反应堆压力管道与压力容器的 LBB 分析[R]．北京：清华大学核能技术设计研究院，1997.

[5] 何龄修．读南明史[J]．中国史研究，1998(3)：167～173.

[6] OU J. P.，SOONG T. T.，et al. Recent advance in research on applications of passive energy dissipation systems[J]. Earthquack Eng.，1997，38(3)：358～361.

[7] 王明亮．关于中国学术期刊标准化数据库系统工程的进展[EB/OL]. http://www. cajcd. edu. cn/pub/wml. txt/980810-2. html，1998-08-16/1998-10-04.

[8] 万锦坤．中国大学学报论文文摘(1983—1993)．英文版[DB/CD]．北京：中国大百科全书出版社，1996.

教学建议

1. 课下查询、阅读有关"中小学教师职业倦怠"和"骨干教师专业发展"专题的研究文献，从研究内容、研究方法、研究结论等方面列出所搜集文献的概要。

2. 讲授。由专业的教科研的教师讲授文献搜集的方法和途径以及整理文献注意事项。

3. 以小组为单位进行文献搜集练习。

(1)呈现各小组搜集文献的题目。例如，"中小学教师职业倦怠"或"骨干教师专业发展"专题；

(2)打开中文期刊数据库或谷歌学术搜索；

(3)浏览并下载文献；

(4)组内分享文献资料，并口述文献概要。

思考与练习

根据所要研究的课题，写一篇文献综述。提示：

1. 以评述为主，不可罗列文献；
2. 文献要新，其中 50%～80% 最好为 5 年内的文献。

方法二　访谈法

课程目标

1. 了解访谈法的基本概念；
2. 掌握访谈准备的内容与要求；
3. 了解访谈的基本步骤。

一、访谈法的基本概念

(一)什么是访谈法

访谈法是访问者通过口头交谈的方式向被访者了解情况的调查方法，又称谈话法或访问法。在教育课题研究中所用的访谈和一般情况下的谈话不同，它是一种研究性交谈[①]，是一种有目的、有计划、有准备的谈话，它的针对性很强，谈话的过程紧紧围绕着要研究的课题来展开。日常的谈话则是一种非正式的谈话，没有明确的目的，也不需要进行相关的准备，而且谈话方式也比较松散，随意性很强。

访谈法既可以作为一种独立的研究方法，也可以作为其他研究方法中收集资料的辅助方法，适用于向被访者了解心理体验、情感，以及对某一事物的意见、态度、评价等方面的信息。访谈调查的内容，一般来说既有事实的调查，也有意见的征询。

(二)访谈法的特点

由于访谈主要是通过面对面直接交谈的方式来实现，具有较好的灵活性和

---

① 白芸. 质的研究指导[M]. 北京：教育科学出版社，2002：42.

适应性，因此在课题研究中它的适用面比较广泛。概括而言，访谈法的特点如下。

一是双向性。访谈是访问者与被访者双向交流的过程，其效果非单方面可以决定。这种方式要求访问者事先要善于根据被访者的情况，预设问题，并在访谈中根据被访者的反映，对问题作必要的引导、解释或调整，使被访者能够消除顾虑，放松心情，客观地回答访谈的问题。

二是深入性。在面对面的谈话过程中，访问者不但可以收集被访者回答的信息，而且可以观察被访者的动作、表情等非言语行为，以此鉴别其回答信息的真伪及被访者的心理状态。因此，访谈可用于探讨一些较为复杂的问题，获取深层次的信息。

三是灵活性。访问者可以通过事先确定访谈场合，控制访谈环境，选择访谈方式(面对面交谈或通过电话、网络间接交谈等)，来避免其他因素的干扰，在访谈时间和内容的安排上也可灵活把握。在访谈过程中，访问者通过控制提问的次序和谈话节奏，灵活把握访谈过程的主动权。

访谈法也有其局限性，在运用中可能存在的问题，主要有以下几点。

一是带有主观性，对访问员素质要求高。由于访谈通常是研究者单独完成的，不同的访问者的个人特征，包括其价值观、态度、谈话的水平，都可能引起被访者不同的心理反应，从而影响回答内容的深度和真实性，造成访谈结果的偏差。由于访谈双方往往是陌生人，也容易使被访者产生不安全感，以致影响访谈结果。

二是不能匿名，保密性低。由于访谈时，通常要求被访者当面作答，这会使被访者感觉到缺乏隐秘性而产生顾虑，尤其对一些敏感的问题，往往不能或不宜当面询问，被访者可能回避或不作真实的回答。

三是代表性不高，成本高。与问卷相比，访谈要付出更多的时间、人力和物力，故难以大规模进行，所以一般访谈调查样本较小。访问调查获得的信息有许多需要进一步查证、核实。

(三)访谈法的类型

根据不同的分类标准，访谈法可以分为多种类型。

其一，以访问者对访谈的控制程度，可划分为结构性访谈、非结构性访谈和半结构性访谈。结构性访谈也称标准式访谈，这类访谈有统一设计的调查表或访谈问卷，访谈内容已在计划中做了周密的安排。非结构性访谈也称自由式访谈，这种访谈是访谈双方相对自由和随便的访谈，能根据访问者的需要灵活地转换话题，变换提问方式和顺序。半结构性访谈，是一种是介于结构性访谈和非结构性访谈之间的访谈。在半结构性访谈中，访问者虽然有调查表或访谈问卷，对访谈进程也有一定的控制，但给被访者留有较大的表达自己观点和意见的空间，访问者事先拟定的访谈提纲可以根据访谈的进程随时进行调整。

其二，以调查对象数量，可划分为个别访谈和集体访谈。个别访谈是指访问者对被访者逐一进行的单独访谈。集体访谈也称为团体访谈或座谈，是指由一名或数名访问者召集一群调查对象就课题研究的内容征求意见的调查方式。

其三，以访谈双方的接触形态，可划分为面对面访谈、电话访谈和网上访谈。面对面访谈也称直接访谈，它是指访谈双方进行面对面的直接沟通来获取信息的访谈方式。电话访谈也称间接访谈，它是访问者借助电话向被访者收集有关信息。网上访谈，是访问者与被访者，用互联网进行交流的调查方式。

其四，以调查次数，可以划分为一次性访谈和多次性访谈。一次性访谈，是指在同一时段对某一研究问题进行的一次性收集资料的访谈。多次性访谈又称重复性访谈，它是指对同一样本进行两次以上的访谈以收集信息的方式。

(四)访谈法的选择

采用何种类型的访谈，通常要综合考虑访谈的目的、内容、对象、费用等要素，加以选择，扬长避短，灵活运用。比如，集体访谈法适用于一般性问题、需要集思广益的问题，常用于量的研究；而个别访谈法适用于敏感性问题、深度问题，常用于质的研究。一个访谈可能同属于两种类型，如有时面对面访谈也同时是多次性访谈，或非结构性访谈；集体访谈也同时是结构性访谈。

二、访谈的实施

(一)访谈的准备

作为一种有目的、有计划的研究活动，访谈之前应该做好必要的准备。访前准备包括以下环节：设计好访谈提纲，选择适宜对象，了解被访者的情况，明确访谈的时间、地点，备好记录工具等。

1. 设计访谈提纲

设计访谈提纲是保障访谈能够顺利进行的前提。访谈提纲应明确访谈涉及的主要问题，一般包括确定访谈目的、访问者、访谈对象、访谈时间、访谈地点、访谈种类、访谈记录方式、访谈报告方式等。

任何一个访谈调查都少不了这些基本的准备工作。其中，关键就是要设计出有针对性的问题，设计问题是最难的：我想通过访谈获取哪些信息，哪些问题可以使我获得这些信息，我应该用什么样的方式来问。如果是标准化访谈，则必须用组织统一设计的访谈问题表；如果是非标准化访谈，则要把与调查主题相关的主要项目和问题列出，问题要简练、明确。

关于设计问题，我们可以看两个实例，第一个为标准化访谈，第二个为非标准化访谈：

案例1：

海淀区中小学党建带团建工作情况调查表，调查对象是中小学的党组织负责人。

1. 请问您单位35岁以下青年人数，团员人数是多少？专职团干部数是多少？

2. 是否建立党建带团建工作例会制度？列席党委会（支委会）人数？

3. 学校党组织是否把团建纳入党建的总体格局中？党建带团建在支部的工作计划和总结中有无体现？

4. 所属团委书记、副书记调动是否征求上级团组织意见？

5. 所属团委是否按时召开团代会或团员大会？

6. 党委（支部）是否规定把"推优"作为团员入党的必经程序？2010年以来发展28周岁以下青年党员数？

7. 2006年以来团委专职团干部转岗总人数？其中，提拔任用的人数？

8. 党团活动阵地建设是否纳入本单位发展规划？党员活动阵地数是多少？青年活动阵地数是多少？

9. 兼职团干部是否有工作补贴？

10. 您学校党建带团建工作的特色是什么？在机制上有无创新？

11. 是否把团干部培训纳入到党的干部培训规划中，开展相应培训？

12. 您认为党建带团建工作在机制上应如何完善？

上面的提问可用下面的指标结构图表示：

考察的指标	对应设计的问题
团组织的基本情况	1、5、7、8
党组织负责人重视情况	3、6、7、8、10、11、12
制度机制基本状态	2、9、10、12
团干部发展情况	4、7、11

案例2：

校本培训调研中，一位培训教师向一位中学教学干部访谈"教师发展有无规划"，他草拟的访谈提纲如下：

1. 目前学校有没有促进教师个人发展的做法？

2. 若有，具体的做法是什么？

3. 在做的过程中遇到过什么问题？

4. 取得什么成果？

5. 若没有，有没有必要制定教师个人发展规划？

6. 若有必要，您对教师个人发展规划的预期效果是什么？

7. 进行过程中可能遇到的难点是什么？

8. 要注意哪些问题？

9. 你的上级对你个人在学校的发展是否关心？

2. 选定访谈对象

根据访谈目的，选定访谈对象。选择访谈对象就是要明确：谁能给我提供最丰富真实的信息；如何找到"目标人物"，如何获得访谈对象的合作。

选择访谈对象首先应根据目的确定访谈的大致范围，然后采用随机抽样的方法，选取有代表性的样本。理想的访谈对象，应具有知情、敢于发言、语言共通的特点。一般来说，探索性研究采用较小的样本，验证性研究则需要较多样本；一次性访谈样本可以多一些，多次性访谈样本可以相对少一些；结构性访谈样本可以多一些，非结构性访谈样本相对少一些。

3. 了解基本情况

选择访谈对象后，还要了解被访者的有关情况。这对于编制访谈提纲，选择适当的访谈方式，进而顺利完成访谈调查的任务，都具有重要意义。

访谈前需了解访谈对象的简要情况，包括被访者的基本情况，如被访者的性别、年龄、职业、文化水平、经历等；与访谈主题有关的理论知识、行业术语等；有关法律法规、方针政策、地区文化特征、家庭背景等，以便更好地、更全面地对被访者谈话做出解释和说明。

4. 确定地点与时间

一般来说，访谈时间和地点的确定主要以访谈对象的方便为宜，提前预约。联系的方式有口头联系和书面联系。口头联系通过电话或网络比较便捷，但书面联系比较正式。访问者可以事先与被访者用电话联系，征求对方的意见，商定访谈的时间、地点和场合，然后访问者可以再发一份书面的通知给对方，在书面通知中，简要说明访谈的目的、意义、内容等。

5. 准备记录工具

访谈前要对有关记录工作做充分的准备，如访谈记录表、录音机、照相机和计算器；访谈记录用纸张或笔记本；记录用笔等。

(二)进入并控制访谈

1. 访谈的开场白

在访谈正式开始前要有一个自我介绍，简述访谈的目的、主要内容、时限以及对被访者的尊重，感谢被访者能抽空接受采访。语言表述应简明扼要，语气亲切，以消除被访者的顾虑，为访谈的顺利进行打好基础。

另外，以简短的题外话开始，也有助于迅速拉近彼此距离，形成融洽、亲切的谈话氛围。

2. 接近被访问者的方式

接近被访谈者，这是访谈的第一步。接近被访问者的方式有多种，如介绍接近、自然接近、求同接近、友好接近等。介绍接近是指开门见山，先作自我介绍，直接说明调查的目的、意义和内容，然后进行正式访谈。自然接近是指在某种共同参与活动的过程中接近被访者，如从新闻、广告、时事政策等谈起，或从文娱、体育、个人爱好方面谈起。求同接近是指在寻求与被访谈者的共同语言中接近对方，如从陈年旧事、近年新貌、共同感兴趣的事情谈起，或从当前气候变化、季节变化谈起。友好接近是指从关怀、帮助被访谈者入手，用老乡、校友或共同爱好等方式快速发现或建立共同点，联络感情，建立信任，如从赞扬对方特长谈起，从文娱、体育、个人爱好方面谈起，或从朋友、爱人、家庭相互往来谈起。

3. 访谈过程的控制

合理有效地控制访谈的进程，主要包括问题的询问、节奏的调整、深度的控制等。

访问者的问题要明确清晰，刚开始时尽量不说敏感的话题，要从简单到复杂，从易到难。要照顾被访谈者的心理与隐私，从其熟悉的情况谈起，以创造轻松的访谈气氛。当被访者性格过于外向时要多用封闭式的问题，反之，则多用开放式的问题。问问题从不同角度、以不同方式提出，以确定真实性。访问者要有目的地倾听，不要轻易打断对方话题。谦虚、认真的倾听是成功访谈的必要条件，切忌漫不经心。

应对被访者的反应，访问者可以采用提问控制和非语言控制。访问者的提问应遵循以下要点：提问时微笑着看着对方；不要对对方观点给予评价；围绕主题展开访谈，避免太多题外话；灵活应对，不应完全局限于访谈提纲，在适当时候也可以完全抛弃访谈提纲。非语言控制，主要指倾听和谦虚的身体姿态，访问者要尽可能少说，鼓励对方提供更多信息；积极地有感情地听，并适时给予适当的回应，如点头认可，这样可以鼓励被访者，起到接受、理解、询问和共鸣的作用。

当访谈遇到障碍不能顺利进行下去或偏离原定计划的时候，就应及时引导。当被访谈者回答不正确或没有回答完整的时候，就要适当地追问。

案例 3：

《焦点访谈》曾经做过一期"劣质课本进课堂"的节目，记者展示了印刷粗糙、缺页、字迹不清以及书后的答案错误百出的课本，并跟踪到印刷厂。印刷厂厂长面对记者的采访，居然哭穷似地说："原因是我们的印刷设备太落后，没有钱更新改造……"记者的提问就此打住了，没有再往前追问一步。

中央电视台新闻中心主任在审查节目时，对此给予了严厉批评，说："为什么不追问？难道课本上的答案错误也是设备问题吗？分明是不负责的态度和利欲熏心的行为，却被厂长一句'设备落后'给搪塞过去了。"

4. 访谈的忌讳

访谈中，访问者切忌居高临下，不够谦虚，自以为是。访问者不能以自我为中心，而不关心被访者，要知道能够得到被访者的回答实属难得。访问者的任务主要是听和记，而不要轻易表示自己的观点。

访谈中，访问者切忌模糊或唐突提问。访问者要分析和把握被访者敏感的问题、事件和人，对敏感问题或不明确问题应当场验证。

另外，访问者切忌超时。要遵守约定的时间，养成良好的习惯，访问者为自己树立良好的信誉。如果时间已到，而访问没有未完成，那么可以另约时间，以照顾到以后的接触。

(三)资料记录与整理

一般当场记录应征得被访者的同意，记录下的内容要请被访者过目并核实签字，以免使谈话内容对他构成损害。当场记录也可用录音、录像的方法将谈话内容录下来。事后记录的优点是不破坏交谈气氛，使访谈能自由顺利进行。事后记录的缺点是有些内容可能会记不住或记不准而损失了有用的资料。记录访谈调查内容，要做到客观和准确，要尽可能完整、全面地按被访者的回答记录，而不能加入访谈员本人的主观意见，记录时可对某些不太明确的回答作记号，以便在追问中提出，不曲解被访者的原意。如无法即时记录，事后要追记，访谈后要及时整理分析访谈记录。

访谈记录的原则：不引人注目地记录；尽量忠实记录原话；要同时记录研究者本人看法，但要注意访员本人的主观思想应与被访者的内容严格分开记录。

在记录访谈内容时，应该尽量做到客观、准确、完整和全面，不能加入自己的主观意见。

提高记录效果和效率的方法：录像或录音，记录访谈全程；设计记录表或规定速记符号；增加"助手"，帮助记录。

(四)结束访谈

结束访谈是访谈活动的最后一环，每次访谈时间不宜过长。访问者应掌握时间，适时结束访谈，对整个访谈进行要点总结；核对疑点；提问最后一个开放式问题"有没有什么没有谈到的问题是您想补充的"；肯定对方，谢谢被访谈者，表示这次访谈很有意义。如果这次访谈尚未完成任务，还需进一步调查的话，那么应该与被访者约定下次再访的时间和地点，最好还能简要说明再次访谈的主要内容，让被访者有个思想准备。

(五)访谈后要做的工作

每次访谈结束后，当天应及时将资料汇总，对记录的资料进行初步整理，对访谈资料进行分析，检查访谈主要目的是否达到。因为在访谈过程中原以为搞清楚的问题，在整理资料的过程中可能会发现有些问题的回答还不清楚，有些问题可能被遗漏了。为保证资料的准确性，对于关键性问题，需重访。如需再进行访谈，则应做好下一步行动计划。

对访谈资料的处理，要做到条理清楚，主次分明，准确分类，特别要保留好原始访谈记录，以备查询。

最后，根据研究的目的对收集的资料进行分析综合，得出研究结论，撰写研究报告。

教学建议

1. 教师引导：首先说明本任务的目标，然后讲解访谈的基本概念和基本要求、讲解访谈的基本步骤和要求。同时，教师指导并跟踪实训过程，及时进行有针对性的点评指正。

2. 学生实践：明确任务目标，了解如何设计一份有效度的访谈提纲。以课题组为单位，按要求完成访谈设计，并模拟完成一次访谈。

3. 根据本课题组所选课题设计一份访谈提纲。设计完成后，共同讨论。访谈完成后，共同讨论，反思改进。

思考与练习

根据所选课题，设计一份访谈提纲，并完成一次有效的访谈。

方法三　问卷调查法

课程目标

1. 了解问卷调查法的基本知识；
2. 掌握问卷编制的程序与要求；
3. 了解问卷调查实施的具体步骤。

一、概述

(一)什么是问卷调查法

问卷调查法，是教育科学研究中使用最广泛的一种调查研究方法。它是以书面提出问题请相关人员回答的方式收集资料的一种调查研究方法，同时，又可以作为测量个人行为和态度倾向的检验手段。

"问卷"是问卷调查法中使用的基本调查工具，是根据研究课题的需要而编制成的一套问答题。它以填空白或回答问题的形式呈现。由调查对象自己填写回答，从而了解调查对象对某一现象或问题的看法和态度倾向。

问卷调查法取得成效的基础，是设计一份信度、效度较高，内容合理的问卷；关键是选择符合所研究课题要求的研究对象。

(二)问卷调查法的特点

一是调查对象的主体能动性。问卷调查采用匿名的方式，调查对象积极配合，真实填写个人认知、态度，这是研究的基础。

二是调查内容的真实客观性。按要求所回答的内容，不涉及隐私，往往真实回答有一定客观性，结果用统计分析方法作标准化处理，因此减少了人为干扰的因素，降低了误差，这是统计分析的根据。

三是调查方式的简便宽泛性。一份调查卷，多人乃至百人使用，用时少、省力，更易操作，这是问卷调查的优势。

四是调查结果的主观随意性倾向。有些人回答时，由于种种原因信笔填写或不真实填写，必然影响结论的准确性，因而影响对策建议的正确性。

(三)问卷类型及结构

1. 问卷类型

调查问卷是由一个个具体问题构成的，根据问题设计的不同方式，可分为：

①封闭式。问题的答案事先编制好，调查对象在给定的范围内选择答案。

②开放式。只提出问题，调查对象自由作答的方式。

③混合式。以封闭式问题为主，增加一些开放式的问题。

2. 问卷结构

一份完整的问卷一般包括：①标题。一般为课题名称。②指导语。写在问卷的开始，简述调查的目的、重要性以及填写的规格要求。语言表述应通俗易懂，语气亲切，以解除答题者的思想、心理顾虑，从而获得真实、准确、可靠的资料。③被调查者基本情况。要视研究课题要求而定，与主题无关的内容不要出现。④调查题。问卷的主体部分。问题设计是否科学、合理决定着一份问卷是否有效度和信度。对于这部分内容，会在后面作专门论述。⑤结束语。写在问卷的最后，对被调查者的合作再次表示感谢以及提示不要漏填请复核。

范例：

"海淀区中小学中层教学干部培训需求调查问卷"的指导语

您好！

为了使海淀区中小学教学干部培训工作更好地服务于教育改革与发展，服务于干部成长，增强干部培训工作的针对性和实效性，我们设计了这份"中层教学干部培训需求"调查问卷。请您结合实际情况认真填写。您的宝贵建议将对本区深化教学改革，进一步做好教学干部培训工作起到推动作用。

请在符合您的真实情况或想法选项后的括号内画"√"，如果有些题目的选项没有您要表达的意思，请在该题后面的空白处填写您的具体想法。

衷心感谢您对我们工作的支持！

2009 年 11 月

二、问卷的编制

(一)问卷编制的程序

第一步，明确问卷调查的关键概念及目的，确定调查范围。

编制问卷之前，先界定清楚关键概念，进而明确研究目的是什么，研究指向内容是什么问题，通过问卷调查取得哪些资料，来为达到研究目的服务。例如，研究"学龄前儿童入学准备现状"这个课题，其关键概念是"入学准备"。这个"准备"包括幼儿的准备、家长的准备、学校的准备等多个方面的因素。接着研究者将研究目的确定为是为家长教子服务。由此进一步确定调查"家长对学龄前儿童入学准备的基本态度和看法"为调查内容，最后为家长提出入学准备的建议。

第二步，将研究内容结构化，构建问题指标体系。

将所研究的内容分解为若干指标，构成研究指标体系。例如，研究"学龄前儿童入学准备现状"的课题，可以从"身体健康与运动技能、社会化与情感发展、学习方式、言语发展、认知发展与一般知识"五个指标来进行研究。又如，研究"中小学学科带头人职业压力现状"的课题，可以把研究内容"职业压力"分解为"压力源、承受压力的表现、缓解压力的方法"等指标进行研究。

第三步，依据问题指标体系，将每个指标细化成一系列的具体要素。

例如，在编制"学龄前儿童入学准备现状"课题中"社会化与情感发展"这个维度的问题时，可以设定如下要素：与人沟通、同伴交往、独立活动、遵守规则等，之后，依据要素提出一系列的具体问题。

$$\boxed{研究课题} \longrightarrow \boxed{指标} \longrightarrow \boxed{要素} \longrightarrow \boxed{具体问题}$$

图 3-1 问题形成的步骤

范例：

研究课题	指　标	要　素	具体问题
学龄前儿童入学准备现状	身体健康与运动技能	……	……
	社会化与情感发展	①与人沟通 ②同伴交往 ③独立活动 ④遵守规则 ……	①当您带孩子到外面玩，遇到许多小朋友时，孩子的表现是怎样的？ ②当您的孩子与其他小朋友发生冲突时，孩子的表现是怎样的？ ③当家里来了客人时，您的孩子愿意在客人面前表现自己吗？ ……
	学习方式	……	……
	言语发展	……	……
	认知发展与一般知识	……	……

第四步，将问题排列，草拟指导语，向专家、同事广泛征求意见，进行初步修订。

第五步，在一定的范围内进行初试调研，检测问卷的信度和效度，进一步发现并修订问卷中的问题，保证问卷调查的准确性。

第六步，正式以问卷进行调研。

(二)编制问卷应注意的问题

一是调查样本(调查对象)确定要合适。一般情况下，社会公认的调查对象数量大于 30 为大样本，小于 30 则为小样本。确定样本时数量尽量不少于 30 人，否则做百分比统计无意义。

二是编制题目要真实科学。题目必须与研究主题直接相关，可问可不问的问题不问。题目应该是被调查者能够回答(读得懂)也愿意回答的(不触及社会禁忌或个人隐私)。

三是编制题目技术要求。首先，问题数量要适度。问卷作答时间一般以 30 分钟为宜，题目 50 道左右。其次，问题的排列顺序应分类清楚、层次分明、合乎逻辑。一般情况下：① 被调查者的基本资料在前；② 简单问题在前，复杂问题在后；③ 熟悉内容在前，生疏内容在后；④ 封闭式题目在前，开放式题目在后。

(三)调查题的设计

1. 题目类型

根据不同的调查需要，调查题的类型一般有三种：封闭式、开放式、混合式。

(1)封闭式题目

问卷设计者事先确定可提供选择的答案，被试从备选答案中选出一项或几项做出回答。

①是否式。只提供两个答案，从中选择一个。例如：

您是否写过有关教学管理方面的论文？(　　　)

A. 是　　　B. 否

②选择式。可做一种或多种选择。例如：

▶ 您认为校长提拔的最佳年龄段是：(　　　)

A. 30～35 岁　　B. 36～40 岁　　C. 41～45 岁　　D. 46～50 岁

▶ 您希望通过培训提高的能力主要是：(最多可选择三项答案)

A. 教学计划制订与实施能力；B. 课程设置与实施能力；C. 课程改革与课

程资源开发能力；D. 指导学科教学能力；E. 贯彻正确的教学思想的能力；F. 促进教师专业发展的能力；G. 组织与领导教学研究的能力；H. 听课与评课能力；I. 教学与德育、后勤等学校工作的协调能力。

③排序式。把答案按照先后顺序进行排列。有两种方式，一是把所有答案排序；二是将选出的答案排序。例如：

▶ 将下列能力按对教学主任重要的程度做排列(从高到低，只写序号)＿＿＿＿

A. 终身学习能力　　B. 决策规划能力　　C. 组织执行能力　　D. 业务指导能力　　E. 团队建设能力　　F. 反思提升能力　　G. 绩效管理能力　　H. 变革创新能力　　I. 沟通协调能力　　J. 资源管理能力

▶ 在下列校长必备的条件中，按照对自己成长的重要性程度进行排序(本题只需写出前5位)

A. 有广博的文化科学知识　　B. 有教育管理理论水平

C. 有战略思维和宏观决策能力　　　D. 有人事组织和协调能力

E. 有理解贯彻教育方针、政策和法规的能力　　F. 民主的作风、公正的处事　　G. 有教育的理想和执着的追求　　H. 有敬业和献身精神

顺序	第1位	第2位	第3位	第4位	第5位
符号					

④量表式。一般在调查态度性问题时，较多采用量表形式。

设计量表时，应注意两点：第一，态度有肯定或否定的正负方向；第二，通常用等级来表示态度肯定或否定的强度。

例如，赞成/不赞成，赞成/中立/不赞成，完全赞成/赞成/不赞成/很不赞成，完全赞成/赞成/中立/不赞成/很不赞成；再如，不能/偶尔能/有时能/比较能/常常能；有规律性/偶然/极少/从不；极好/好/可以/一般/差/不知道。

▶ 您在任教学主任前是否对教学主任岗位职责很明确？(　　　)

A. 明确　　　B. 较明确　　　C. 不明确

▶ 作为校长您觉得幸福吗？(　　　)

A. 非常幸福　　B. 比较幸福　　C. 一般　　D. 不太幸福　　E. 很不幸福

▶ 请根据自己的实际情况，判断自己在下面知识领域拥有程度：

知识分类	很丰富	丰富	一般	较少	很少
A. 教育学知识					
B. 心理学知识					
C. 管理学知识					
D. 经济学知识					
E. 法律知识					
F. 哲学知识					
G. 历史					
H. 文学艺术					
I. 科学技术常识					
J. 方法论知识					
K. 党和国家方针政策					
L. 其他					

⑤表格式。针对不同情况作答，且回答范围相同，可采用表格的形式。例如：

▶ 多校区办学资源配置：

对比项目	主校区	分校区	分校区	分校区
现有年级数量				
现有面积(亩)				
师生比				
食堂与住宿(√)	食堂( ) 住宿( )	食堂( ) 住宿( )	食堂( ) 住宿( )	食堂( ) 住宿( )

⑥后续式。选择某种答案后，再次提供备选答案的填答方式。例如：

▶ 您在任教学主任期间是否参加过教学干部岗位培训？（   ）

A. 是   B. 否

回答"是"的请回答：

▶ 培训的级别是：（   ）

A. 国家级   B. 省市级   C. 区县级   D. 校级

(2)开放式题目

只提出问题，对如何回答不做具体规定。

①填空式。例如：

您的学历是_____。

②问答式。例如：

请您结合个人实际情况，谈谈如何增强校长的职业幸福感。

(3)混合式题目

即开放式题目与封闭式题目的结合。

▶ 您在学历提升过程中最大的困难是：

A. 外语　　B. 工学矛盾　　C. 其他_____

(2)调查题的撰写技巧

①不能使用双重否定的句子。(如您是否对现在的工作状况感到不满意?)

②避免使用大量的术语或行话。

③问题要明确具体，不要含糊、抽象、空泛。(如你的学习态度怎样? 你是否赞成改革? 你是否喜欢政治学习?)

④一题一问，避免双问。(如你经常在周末看电视或上网玩游戏吗?)

⑤避免使用不恰当的假设及容易被误解的词。(如作为中层干部，你觉得领导支持你的工作吗?)

⑥当反应项目属于类别项目时，答案应该尽可能列举完整。例如：

你每学期(半年)上课外班(包括家教、网校学习)的花费大约是(　　)

A. 0～2000 元　　B. 2000～5000 元　　C. 5000～8000 元　　D. 8000 元以上

⑦避免启发回答或暗示回答，所有问题都应是价值中立的，不具有倾向性。(如你考试作过弊吗? 你是否重视学生创新能力的培养?)

三、问卷调查的实施

(一)选择调查对象

确定调查对象可用随机抽样选择，这样有代表性、客观性。也可把一定范围内的全部成员作为调查对象。样本容量的大小根据具体情况来确定。一般问卷调查的回收率和有效率都不会达到 100%，因此选择调查对象时，其数量应多于抽样研究对象。

问卷回收率＝实际回收的问卷数/发出的问卷总数×100%；

问卷有效率＝实际回收的有效问卷数/实际回收的问卷总数×100%；

调查对象＝研究对象/(回收率×有效率)。

小练笔：

假定研究对象有200人，问卷回收率是70%，问卷有效率是85%。则调查对象就是：_____人。

(二)问卷的发放

1. 当面发放，集中填答

例如，对参加某次会议的成员当场发放、回收，这种方式回收率高，对不理解的地方可当场解答，但由于调查对象过于集中，取样范围窄，且答案容易失真。

2. 有组织地集体发放

例如，在学校可以对学生以年级、班级为单位发放、回收。

3. 邮局投递

这种方式是对特定的调查对象进行调查，能够保证问卷回答的针对性，但是不易控制，回收率较低。

4. 网络发放

这种方式发放面大，适合大众性、普及性的调查，但要注意保密性。

在中小学教育科研中最常用的是前三种方式。

(三)问卷的回收

一般情况下，问卷的回收率不得低于70%。一般回收率为30%左右，只能做参考资料；回收率在50%以上，可以采纳建议；回收率在70%～75%以上时，方可作研究结论的依据。

如果回收率较低，应进行调查，了解原因，并可适当进行补测。

(四)对回收问卷的审查

对回收的问卷必须进行严格的审查，回答不完整、不按要求回答、回答不正确等无效问卷不在统计分析之列，以确保调查结果与分析的可靠性和科学性。为下一步数据统计与分析做准备。

教学建议

1. 教师引导：首先说明本任务的目标，然后讲解问卷调查的基本概念和问卷设计的基本要求，以及问卷实施的具体步骤。同时，教师指导并跟踪实训过程，及时进行有针对性的点评指正。

2. 学生实践：明确任务目标，了解如何设计一份有效度的问卷。以课题组为单位，按要求完成问卷设计。以交流讨论的方式对设计的问卷进行分析、完善。将讨论修订后的问卷发放并回收，之后筛选出有效问卷。

思考与练习

根据自己研究的一个课题，设计一份调查问卷。

附：

"海淀区中小学班主任专业发展水平现状调查"班主任问卷

（本问卷由学校现任班主任填答）

尊敬的老师：

您好！

感谢您参加海淀区教育党校"海淀区中小学现任班主任专业发展现状调查"。此项调查是为进一步了解我区中小学班主任专业发展状况，为我区班主任工作提供科学依据而进行的。调查所得数据仅作为课题研究使用，请根据您的实际情况如实填写，我们将严格为本问卷的所有资料进行保密，请您放心作答。谢谢合作！

"海淀区中小学班主任专业发展水平现状调查"课题组

2009 年 11 月

答题说明：

1. 请将您认为符合情况的选项上画√，或在横线上填入适当的内容。

2. 如无特殊说明，每一题只能选择一个答案。如有说明，请遵照说明选择。

3. 填答问卷时请不要与他人商量。请您依次答完每一个题，不要漏答，谢谢合作！

1. 您的学校是一所

(1)小学　　　　(2)初中　　　　(3)高中　　　　(4)完中

(5)九年一贯制学校

2. 您的学校地处

(1)城市　　　　　　(2)县镇　　　　　　(3)农村　　　　　　(4)城乡结合部

3. 您学校的办学性质

(1)公办　　　　　　(2)私立　　　　　　(3)公办民助

4. 您最高学历所学的专业是

(1)心理学　　　　　(2)教育学　　　　　(3)其他专业(请填写)＿＿＿＿＿＿

5. 您的人事关系

(1)在编教师　　　　(2)人事代理教师　　(3)外聘教师

6. 您是

市学科骨干教师(　)，市学科带头人(　)，市班主任带头人(　　　)；

区学科骨干教师(　)，区学科带头人(　　)，区班主任带头人(　　　)，特级

教师(　)。

1. 您认为班主任是一种专业吗?

(1)是　　　　　　　(2)不是　　　　　　(3)没想过

2. 总体来说，您对自己从事班主任这一职业感到

(1)满意　　　　　　(2)比较满意　　　　(3)不太满意　　　(4)很不满意

3. 您对自己未来的班主任专业发展有目标吗?

(1)有而且明确　　　　　　　　　(2)有但不知道怎么确定

(3)没有　　　　　　　　　　　　(4)没想过

4. 你从教至今荣获过以下哪些德育类先进称号(可多选)

(1)市级以上先进　　　　　　　　(2)区级先进

(3) 学校先进　　　　　　　　　　(4) 未曾荣获

5. 你带的班级曾获得过以下哪些先进称号(可多选)

(1)市级以上先进　　　　　　　　(2)区级先进

(3) 学校先进　　　　　　　　　　(4) 未曾荣获

6. 你认为做班主任对自己最大的帮助是

(1)能和学生打成一片　　　　　　(2)对自己的学科教学有利

(3)有成就感　　　　　　　　　　(4)社交面大

(5)评聘职称晋升职务有利　　　　(6)有班主任津贴

(7)其他

7. 你认为影响阻碍班主任工作三个主要因素是什么

(1)事务繁重 　　　　(2)心理压力大 　　　　(3)学生难管

(4)家长不理解 　　　(5)待遇低 　　　　　　(6)不胜任

8. 你认为目前学校班主任工作存在的最突出问题是

(1)学校不重视 　　　(2)管理跟不上 　　　　(3)班主任个人不投入

(4)缺乏创新性 　　　(5)研究交流跟不上 　　(6)待遇低

(7)缺乏激励机制 　　(8)评价消极

9. 你校为推动班主任专业发展，是否出台了有关规章制度

(1)是 　　　　　　　(2)否

10. 请您根据自己的实际需要，选择当前你最需要获得的三个类别的知识

(1)教育专业知识 　(2)学科专业知识 　(3)课程知识 　　(4)学科教学知识

(5)科学人文知识 　(6)新课改知识 　　(7)科研方法知识

11. 教育专业知识包括(可多选)

(1)教育学 　　　　(2)心理学 　　　　(3)与学生全面发展相关的知识

(4)与学生精神成长相关的知识

12. 班主任学科专业知识包括(可多选)

(1)班集体建设 　　(2)班会组织 　　　(3)团队活动指导

(4)与家长、学生谈话的艺术 　　　　　(5)班级教学秩序

(6)学科学法指导

13. 您认为作为班主任最需要培训的内容是

(1)师德方面 　(2)班集体建设 　(3)新的教育理念 (4)心理健康辅导

(5)科研方法 　(6)教育法规 　(7)教育策略技巧 　(8)其他_____

14. 您曾经参加过的培训和学习主要是(可多选)

(1)侧重于学历的提高 　　　　　　(2)围绕教学改革或者科研的培训

(3)完成国家继续教育要求的培训 　(4)侧重于班主任专业方面的培训

(5)几乎不参加，或没有机会参加

15. 您最喜欢的班主任培训方式是

(1)系统地进行岗位培训，并取得上岗证书

(2)上级有关部门定期组织讲座

(3)校际或同行之间经验交流

(4)有经验的班主任手把手指导实践

(5)自身学习、实践、反思，积累经验

16. 你通读过以下与教育有关的法规文件哪几项(可多选)

(1)《义务教育法》　　　　　　(2)《教师法》

(3)《未成年人保护法》　　　　(4)《班主任工作规定》

17. 你在校上班的平均时间(含中午)

(1)8～9 小时内　　　(2)9～10 小时　　　(3)10 小时以上

18. 您的班主任日工作时间(含中午)

(1)2～3 小时内　　　(2)3～4 小时　　　(3)4～5 小时以上

(4)5 小时以上

19. 您对日常教育实践和班级管理教育现象反思吗?

(1)主动而且经常反思　　　　(2)会反思但不经常

(3)有反思，是被学校要求的　　(4)从不考虑

20. 您有写有关班级管理的体会吗?

(1)经常主动写　　　(2)经常写，是被学校要求的

(3)偶尔写　　　(4)从不写

21. 您阅读一些班主任专业类的书籍和杂志吗?

(1)经常主动阅读　　　(2)经常阅读，是被学校要求的

(3)偶尔阅读　　　(4)从不阅读

22. 您遇到可能有问题的学生时，通常首先会采用哪一种方式(选一种)

(1)与学生深入谈心　　　(2)通知家长　　　(3)转介给心理教师

(4)通知校领导　　　(5)没有办法

23. 您与家长联系的主要方式为(选一种)

(1)电话　　　(2)家访　　　(3)请家长到校

(4)家校互动平台　　　(5)其他

24. 是否发表过班主任工作研究性文章

(1)有，国家级别　　(2)有，市级　　(3)有，区级

(4)有，校级　　　(5)从没有

25. 你认为班主任对待学生应具备的价值品质(按序号排序)

(1)平等(2)信任(3)引导(4)爱(5)公正(6)宽容(7)耐心(8)尊重(9)理解

(10)民主

26. 你认为班主任应对学生进行哪些价值品质的培养(按序号排序)

(1)自觉(2)自信(3)爱(4)尊重(5)责任(6)热忱(7)自尊(8)坚强(9)勤奋(10)诚信

27. 你认为班主任在协助科任老师与学生间的关系方面能做些什么?

问卷设计的框架结构

一级指标	二级指标	对应问题
基本信息	所在学校类型、性质	1、2、3
	个人学历、人事关系、专业称号	4、5、6
专业成熟度	专业认知	1、2、3、6、7、8、9、10、12、16、25、26、27
	工作状态	17、18、19、20、21、22、23
	业绩水平	4、5、24
培训需求	培训经历	14
	培训需求	10、13、15

(2009 中青班   赵卫红   杨芝萍   孟祥兰   秦海燕   郝燕)

方法四   教育观察法

课程目标

1. 理解观察法的基本概念、特点和分类;

2. 掌握观察法的基本程序;

3. 初步掌握并运用观察法进行课题研究。

一、观察法的概念和分类

(一)观察法的概念

1. 观察法的定义

观察法是研究者凭借自身的感觉器官和其他辅助工具,在教育活动的自然状态下,对研究对象进行的有目的、有计划的考察与研究的方法。

2. 观察法的优势

观察，作为一个研究过程，有以下五个优势。

最显著和独特的优势是研究者可以有机会从正在发生的社会情境中获取鲜活的数据。也就是说，研究者可以直接看到正在发生的事情，而不是依靠回忆而获取二手资料。具体来讲，有时候人们叙述的未必是他们真正做过的事情，采用观察法杜绝了这种可能性。

观察者看到的是自然状态下的行为，而不是被认为理所当然的、被期望的或者被人忽视的行为。

精心策划好的观察避免了由于现场观察和事件回顾之间的时间间隔而导致的选择性回忆和错误回忆。

从被观察者的角度来看，他们有可能更喜欢研究者到现场来看，而不是费时耗力地接受采访和填写问卷。

观察有利于收集非语言化的行为、自然状态或复杂场景下的行为数据。

(二)观察法的分类

依据不同的分类标准，观察法可以分成不同类别。

1. 根据观察的情境条件

可以分为自然情景中的观察与实验室中的观察。

在自然情号中实施观察，有利于研究者收集到客观真实的数据。但是，这些数据往往是观察对象的外部行为表现。

在实验室中实施观察，需要严密的计划和详细的观察指标体系，对观察情境有较严格的要求。

2. 根据观察方式的不同

可以分为直接观察与间接观察。

直接观察是观察者凭借自身的感觉器官在现场直接进行观测。例如，研究人员不带任何仪器设备随堂听课，边听、边看、边记录。直接观察法实施比较简单，能得到具体、生动的印象，形成对事物的整体认识。但是，人的感官接受和保存信息的能力有限，难以形成对被观察现象完整而精确的认识。

间接观察是观察者借助录音机、摄像机等仪器或技术手段，对行为和环境进行观测。间接观察突破了直接观察中观察者的感官阈限，可供日后重复观测和反复分析。目前，研究人员常以间接观察作为辅助手段，现代化的仪器设备会使观察更精确、更全面。

3. 根据观察者是否直接参与

观察者参与被观察者从事的活动分为完全参与者、作为观察者的参与者、作为参与者的观察者和完全观察者四类。

完全参与者：观察者掩盖其作为观察者这一角色，被当作群体中的一员。这样的角色有利于观察者获得比较私密的深层信息。但是，一旦被观察者得知其作为观察者的身份，有可能招致怀疑和愤恨。另外，观察的内容有可能缺乏必要的客观性。

作为观察者的参与者：观察者告知被观察者自己作为观察者的角色，且被当作群体中的一员。这样的角色有利于观察者获得比较私密的深层信息。但是，观察的内容有可能缺乏必要的客观性。同时，被观察者有可能不信任观察者，或者互不相信。

作为参与者的观察者：不属于被观察群体中的成员，但是，有可能参加少量被观察者的群体活动。其作为研究者的角色是为被观察者所知晓的，并且尽可能不打扰被观察群体的活动。但是，其获得信息的渠道可能是受限制的。

完全观察者：观察者与被观察群体保持一定的距离，或许公开、或许不公开观察者这一角色。例如，外来的观察者，或者在拥挤的火车站观察乘客的观察者。

4. 根据研究目的和获取数据的内容要求

观察可分为结构式观察、半结构式观察和非结构式观察。如果研究者已经确定了观察点，并且提前划分了观察的类别，可以采用高度结构化的观察方法。如果只是确定了研究的内容，但是需要收集数据去说明这些内容，则需要半结构化的观察方法。如果观察者对观察的内容不是很明确，在确定研究重点之前需要进入相应场景观察所发生的事情时，则需要采用非结构化的观察方法。总的来看，结构化观察法适用于已经事先确定了假设，需要通过观察数据支持或驳斥这些假设。半结构化和非结构化的观察适用于提出假设而不是验证假设的数据收集工作。

二、观察的实施

(一)观察的一般程序

一般来讲，针对学校的观察研究包括学术研究、实践者研究、教师评估、学校督导和校本培训等。根据不同的观察目的，在细节操作上有不同之处。大体来说，观察的一般程序可以分为五个环节：① 确定研究目标；② 设计观察方案；③ 实施观察；④ 整理和分析数据；⑤ 得出研究结论(结合其他数据)。

(二)观察研究的记录

根据研究的目的和观察方案的设计，需要采取不同的方法记录观察数据。

1. 描述记录法

指以记录田野笔记的形式记录观察到的内容。

日记描述法：采用记日记的方法记录连续变化、新的发展或新的行为。可以用于对儿童成长和发展所做的传记式记录。这种方法样本小，观察时间长，比较费时、费精力。

轶事记录法：着重记录某种有价值的行为及研究者感兴趣的事例，可以有主题，也可以没有主题，不受时间条件限制，简单易行。

连续记录法：指对自然发生的顺序事件或行为在一定时间内作连续不断的记录。

2. 取样记录法

取样记录是一种以行为为样本的记录方法，比描述记录更客观、有效。

时间取样法：以时间作为选择标准，专门观察和记录在特定时间内发生的行为。主要记录行为呈现与否、呈现频率及其持续时间；侧重于特定行为的测量和记录；观察工具的编制比较重要。如选择课间休息时间观察班级活动类型。

事件取样法：以行为活动作为选择标准，对特定的行为或事件进行观察和记录。主要关注行为是如何发生、如何变化、结果如何等问题，侧重对事件进行描述，从而保留了事件发生的背景，可用于研究比较广泛的行为事件，如观察记录课堂小组互动情况。

3. 评价观察记录法

也称为等级量表法，指观察者根据预定标准，不仅要观察行为，同时要对观察到的行为进行评价。

数字等级法：用某一个数字代表某一种行为的程度，观察者对被评价的行为选定最适合的数字。例如，观察学生的课堂表现，一般分为 5 个等级，由消极到积极。观察后，确定一个数字，即给学生定下一个等级。

评价记录法：将要观察研究的内容，按照一定标准确定项目，每个项目上确定相应的指标，并按照一定的顺序(程度或频度)在量表(横轴或竖轴)上排列，研究者只要在相应项目上画钩或画圈即可。

例如，观察课堂行为表现，在符合的五级量表上打对钩。

行为指标(学生指某一被观察的学生)	1	2	3	4	5
1. 学生寻求教师关注					
2. 教师表扬学生					
3. 教师为纠正学生的行为表现而停止讲课					

说明：行为指标含义如下：1 从不；2 很少；3 偶尔；4 常常；5 总是

4. 语义类别法

将某项目相反表现作为两端，用一定顺序的数字等级比较模糊地表示中间过渡情况，研究者选择一个最符合观察对象的等级即可。语义类别法可以用图表或数轴表示。

例如，观察教师课堂行为时，可以设计如下记录表，观察者只需作相应标注。

	1	2	3	4	5	
A 热情						冷漠
B 激励						无趣
C 有效率						无效率

案例分享：

本案例是对文科学生在理科课堂上学习情况的观察研究。其研究目标是"了解文科学生在理科课堂学习中的表现，以便为改变文科学生在理科课堂中的不良表现提供依据"。针对研究目标，作者设计了如下观察方案。

观察对象：6 名高二年级学生，优、中、差生各 2 名（3 名男生，3 名女生）

观察的内容：课堂学习行为和非学习行为。

课堂学习行为主要指听讲、做笔记、回答教师提问、向教师提问题、参与讨论、课堂练习；非学习行为主要指和同学说话、睡觉、吃东西、喝水、东张西望、做其他事情等，还包括学生在课堂上的情绪状态。

观察的取样和安排：学科取样，抽取物理、化学、生物三科；时间取样，观察两周，每周每科听三节，总共 18 节。

观察记录表：

学生课堂学习情况观察记录表(样例)

学科 _____　听课时间 _____　任课教师 _____

(记录时，每节课有 45 分钟。该表省略了中间段，以……代替)

观察内容		1	2	3	4	5	6	…	40	41	42	43	44	45
学习行为	听讲													
	笔记													
	答问													
	……													
非学习行为	说话													
	睡觉													
	张望													
	……													

附：记录符号，如▲，听讲认真；△，不认真听讲；⊙，正确完成了课堂练习；○，没有正确完成课堂练习。

观察的注意事项：① 在观察前要熟悉观察内容，对于观察表所包含的观察项目，基本达到熟记程度；②在正式观察前要进行预试观察；③ 观察时不要以研究者的身份自居，要与观察对象保持良好的关系，保证观察对象的常态。

分组研讨 1：请评价上述研究方案，包括优点和需要商榷的地方。

提示：上述方案具体、翔实，看得出研究者对文科生在理科课堂上的行为表现有一些感性认识。但是，若只停留在感性认识阶段，恐怕难以有的放矢地纠正和改善学生可能的行为偏差。而通过这样的观察研究可以获取学生课堂行为的描述性数据，为接下来制定学生行为改进方案提供客观的依据。但是，以下几点值得注意：① 在本研究设计中，"优、中、差生"是如何界定的，是以学习成绩的优劣作为分类标准还是综合学习成绩以及行为习惯两个要素作为分类依据，没有具体说明。但是，用"差生"这样的语言去界定某一类学生体现了目前依旧存在的错误的"学生观"。② 记录符号的使用无疑使记录内容更具体，收集的数据更全面。但是，如果对观察过程中可能出现的场景预估不充分的话，可能会使观察者无从下笔记录。例如，在附录说明中，要求观察者对学生听讲认真的情况记录"▲"，对不认真听讲的情况记录"△"。但是，在实地观察中，可能不太好判断学生是否在认真听讲。所以，在观察记录中，最好设计一个中间选项。③在"观察的注意事项"中，"观察时不要以研究者的身份自居，要与观察对象保持良好的关系，保证观察对象的常态"。针对如何保证观察对象的常态的问题，更多应该考虑的是采用直接观察还是间接观察。如果选择直接观察，应充分考虑观察者置身于教室的何处、与被观察者保持的距离和观察角度等细节问题。当然，也需要考虑观察者的角色，以便获取自然状态下的数据。④ 本设计共需观察6位学生，18节课。可以推断，这6位同学在同一个班级。那么需根据被观察学生的座位，在保证观察效果的前提下，确定观察者的人数。并在观察前，按照作者提示，熟悉观察内容和记录符号。在预试观察后，进一步修订观察方案，以保证观察的顺利实施。

分组研讨 2：谁是"挑衅者"？

假如你是某学校负责教学工作的副校长。某班在上课期间，出现了教师和学生及家长的争吵事件，教师和学生分别指控对方的挑衅行为。幸运的是，事件发生的过程中，有一位正在该班级进行课堂观察的教师对整个事件做了观察记录。请分析以下记录，并想象当时情境，判断谁是"挑衅者"？

行为指标	1	2	3	4	5	6	7
教师向学生叫嚷	/	/	/	/			
学生向教师叫嚷	/	/					
家长向教师叫嚷		/			/		
教师向家长叫嚷					/	/	

说明：该教师每30秒做一次记录，全过程共记录7次。"/"符号表示发生了该行为。

假如该教师的观察记录如下表，情况又会是怎样的？

行为指标	1	2	3	4	5	6	7
教师向学生叫嚷	/	/	/	/			
学生向教师叫嚷	/						
家长向教师叫嚷					/		
教师向家长叫嚷			/	/			

说明：该教师每30秒做一次记录，全过程共记录7次。"/"符号表示发生了该行为。

(三)实施观察时应考虑的问题

选择什么样的观察方法取决于研究目标，所收集的观察数据要能回答所研究的问题。一般来讲，观察者在实施观察前应该想清楚以下问题。

①观察的重点是什么？

②为什么(如寻找规律、模式、主要特征,以及观察情境的变化等)要观察?

③观察数据所回答的研究问题是什么?

④观察的范围什么?

⑤如何记录观察数据?

⑥到何地(如社交场所、办公室、教室等)去观察?

⑦观察的内容(如物体、场景、事件、人员等)是什么?

⑧观察谁(主要人物、一般的参与者、边缘人物)?

⑨需要观察多少人、事件或场景?

⑩观察的结构化和系统化的程度如何?

⑪观察的单位(一位教师、一个学生、一个小组还是一个班级)是什么?

⑫需要多少资源(观察者,摄像机、录音机等)?

⑬可能遇到的问题是什么?

⑭除去观察记录以外,需要补充的其他信息是什么?

⑮数据收集的过程和数据分析的方法是什么?

研究者在确定采用观察作为数据收集手段时,应详细考虑以上 15 个问题,以便做好相应的准备工作。在实施观察时,观察者还应该考虑一些细节。例如,在进行观察课堂时,要根据学科和授课内容,考虑站位还是坐位,在何处站立或者坐在什么位置。如果研究者距离被观察者太近,被观察者会感到被打扰或者受约束;如果研究者距离被观察者太远,可能会错过对细节的观察。所以,要想做好观察,需要做周全而细致的准备工作。

虽然观察有其独特的优势,但是正像每种方法都有其弱点一样,一般来讲,观察不仅耗时,而且根据观察的内容、原因、时间、地点、观察人、观察方式的不同,比较容易出现偏差。在观察的过程中,由于观察者的关注度、观察机会以及所使用的观察工具的不同,不可避免地存在选择性。所以,在观察时应小心谨慎,确保数据的相对客观和准确。

案例分享:

下面分享一个案例——"如何运用教育观察研究法评课"。请阅读、分析和评价该课堂观察量表。

教师课堂有效提问记录表

提问的细节	具体的情况	请画"正"字来记录次数	总计（次数）
问题的类型	事实类		
	观点类		
	思辨类		
回答的类型	复杂回答		
	简单回答		
	只回答是或者不是		
对回答者的选择	提问后指定某一或某几个学生回答		
	提问后要求学生集体回答		
	提问后鼓励学生自愿回答		
提问之后回答之前的时间间隔	提问后立即指定学生回答		
	提问后停顿几秒后再要求作答		
	先指定学生再对其进行提问		
问题提出的情境	问题出现在测试中		
	问题出现在辩论和竞赛中		
	问题为调整教学氛围而出现		
教师提问的细节	指定学生回答问题前重复问题的次数		
	一次同时问了几个问题		
教师问题的顺序	提问有序，提前做了合理的安排		
	无序，问题的提出随意而没有关联		
学生自主提问方面	学生主动提问的次数		
	学生之间互动提问的次数		
评价性问题	老师要求学生自我评价		
	老师要求学生评价他人		

教学建议

1. 教师引导：首先，通过课堂观察引入本章话题，说明课程目标。然后，在教师的引导下，以小组研讨的方式总结观察的概念、特点和分类。最后，通过案例分享巩固知识，反思实践。在实训过程中，教师需要设置相应情境，引导学员掌握上述知识点。同时，进行有针对性的点评指正。

2. 学生实践：可以根据课题组的研究需要，设计观察方案；也可以对学校正在使用的课堂观察量表进行改进；还可以请学生设计并实施一次课堂观察，并对观察方案设计、量表设计及观察实施进行反思。

3. 注意事项：在课堂教学中，要安排充足的小组研讨时间，提倡小组成员团结协作，互相答疑。针对难以在小组内解决的问题，教师要引导学员共同研讨，力争获得解决方案。

思考与练习

请选择一份你校正在使用的课堂观察量表，对其分析和改进。

方法五　行动研究法

课程目标

1. 了解行动研究法的基本概念与特点；

2. 掌握行动研究法的基本环节和实施步骤；

3. 能够提取有价值的研究课题并正确实施行动研究法。

一、行动研究法的含义及特点

(一)行动研究法的定义

教育行动研究，是教育实际工作者(教师、行政人员及其他教育人员)在专业研究人员的指导下，按照一定的操作程序，综合运用多种研究方法与技术，循环往复，不断改善其教育和管理行为，最终解决工作中所遇到的问题，并提高其专业能力的一种应用研究模式。

行动研究法适用于在小范围内进行教育改革的探索性研究。

(二)行动研究法的特征

① 以改进工作实践为目的，注重解决目前的教育问题。

② 研究者把自身工作范围内比较关注的问题确立为研究对象。

③ 研究者是教育一线工作者，注重与专门研究者合作开展研究。

④ 在行动中研究，研究的过程也是解决教育问题的过程。

⑤ 提升研究者的专业素养，增强教师的职业乐趣与尊严。

⑥ 是一个持续展开的螺旋过程，使工作在不断反思中改进和完善。

(三)行动研究法的类型

1. 独立模式的行动研究

主要是教师个体进行的研究，这种模式针对性强，实施灵活，但规模小，研究范围狭窄，很难进行深入细致、说服力强的研究。

2. 合作模式的行动研究

这种模式可以发挥多位教师的集体智慧和力量，尤其是学校范围内的合作模式行动研究，有专业人员的参与，有较强的理论指导，研究力量强，能够充分发挥领导、教师、研究人员的作用，是较为理想的行动研究。

学校的教研沙龙活动、课题展示活动、说上评课活动、主题教学研讨、教师学术研究报告、专题研究等都是合作模式的研究。

(四)行动研究法的优势和局限

1. 优势

①贴近实际，灵活性强；

②注重实践，方便参与；

③评价持续，反馈及时；

④简便易行，成效显著。

2. 局限性

相对于其他教育科学研究方法，行动研究法的研究样本缺乏代表性，容易受到具体情境的限制，因缺少科学的严密性导致其结果的准确性和可靠性不足，不利于经验推广。

(五)运用行动研究法应注意的问题

①始终以科学发展的观点和理论指导研究行动。

②要善于发现问题，更要有效解决问题。

③做到反思、研究和实践的紧密结合。

④做好过程中的记录并及时进行书面总结。

⑤做好各方面人员的合作及协调工作。

⑥如有条件，为研究提供专项资金作为保障。

思考与训练：

(1)你有过行动研究的经历吗？请谈谈你的认识或经验。

(2)你倾向于独立模式的行动研究还是合作模式的行动研究？为什么？

二、行动研究的基本环节和实施步骤

(一)行动研究的基本环节

"问题、计划、行动、反思"是一个完整的行动研究必不可少的基本环节。问题，即在自己的工作中发现一个问题并思考其原因；计划，即设想一个解决的办法并提出初步实施计划；行动，即在教学中实施这个办法并观察其状态变化；反思，即评估行动实施的效果并反思解决问题的方法。

以上四个基本环节是不断循环的，每一次循环都有所改进提高，直至最终解决所要研究的问题。

(二)行动研究法的实施步骤

行动研究法简单易行，便于操作。一般按照四个步骤实施：问题发现与确定；制订计划，生成方案；行动与反思；表达成果，撰写报告。

1. 问题发现与确定

本阶段是行动研究的逻辑起点，主要完成明确问题与分析问题两个方面的事情。

(1)找准方向，明确问题

①从疑难的教育工作中发现问题。

②从具体的教育工作场景中捕捉问题。

③在与专业人员和同行的交流中发现问题。

④在学生和家长的反馈中发现问题。

⑤在教育督导评估中发现问题。

⑥其他途径。

最终明确的问题要科学、可行，具有实践性。

思考与训练：

（1）列出你在工作实践中想要解决并且能够解决的3～5个问题。

（2）将上述问题按其重要性、迫切性进行排序，并依次写下前三个问题。

（3）从上述三个问题中选择一个问题，作为本次行动研究的内容，并说明选择原因。

（2）分析问题，深度介入

用自我追问的方式从不同层面、不同方面把握被确定为研究课题的问题，对其进行概念界定，并尽可能明确该问题的概念、种类、范围、性质、形成过程及可能的影响，使要研究的课题变得更具体、更清晰。

思考与训练：

（1）回顾你选择这个问题时发生的现象、情境、给你的研究冲动及灵感并做文字整理。

（2）尝试用自己知道的别人的相关研究成果解决你的问题，如不能解决，则列出你的思考点，考虑从何处着手进行研究，研究需要具备的条件及相关准备等。

（3）拟订课题名称，形成研究课题雏形。

2. 制订计划，生成方案

计划一般包含总体设想和每一个具体行动方案，是解决该研究问题的知识、方法、技术和各种条件的综合。优秀的计划有助于克服行动研究过程中的随意性和盲目性，是确保研究顺利进行并取得成功的重要保证。

在对问题做了界定与分析之后，接下来考虑的是如何解决这一问题，这就需要先围绕该问题运用多种方式开展准备性调查，进行专题研讨并广泛听取意见。

准备性调查的基本内容：

①这个问题的现状如何？为什么会这样？

②别人已有哪些研究经验及成果？

③现在对这个问题实施研究是否是最佳时机？

④预期行动目标和可能性如何？

⑤这个问题形成的原因可能有哪些？

⑥实施行动将对周围的环境或人产生哪些影响？

⑦怎样做才更具有更强的现实意义？

（1）制订总体计划

制订总体计划应以所发现的大量事实和调查研究为前提，真实能动、灵活开放，能够适应未考虑到的制约因素的需要。要强调行动中的反馈信息，便于整体计划的修订和完善。

制订总体计划的项目要点及要求如表3-2：

表 3-2　制订总体计划的项目要点和内容要求

项目要点	内　容　要　求
预期目标	目标陈述尽量可见可行，从小做起
改变因素及监察	列出对课程实施改变的因素以及有效监察这些因素的措施；为便于分析研究结果，不建议一次改变的因素过多
研究方法	根据研究目标与内容，选与之匹配的研究方法，如常用的研究方法有：实验法、观察法、调查法、案例研究法、行动研究法等
步骤与时间安排	灵活地适应并反映出总体计划暂时性和尝试性的特点
人员及组织	充分考虑到相关研究人员的分工，恰当处理与这些人的关系并使之有效交流和配合
客观因素	（1）研究者本人从事研究的经验和能力如何？ （2）以往的研究或实践已有哪些解决方案？有哪些参考价值？ （3）有哪些可供咨询、商讨、交流或合作的人？ （4）实施计划可能会受到哪些人或事的影响？ （5）实施这一计划需要多长时间？ （6）有哪些物力、人力、财力方面的限制？如何解决？ ……

（2）生成研究方案

研究方案以解决实际问题的需要为前提，在过程中生成、在动态中拟订、在研究中更新，是实现总体计划的具体措施。

研究方案的重点在于：研究者将依靠哪些理论依据、使用哪些研究方法、采取哪些有效措施、提供哪些保障使行动研究顺利开展。

在研究方案生成及实施的过程中，研究者要从以下几方面把握好方案的动态变化。

①转换。在研究方案的制定过程中，有可能发现更有价值的研究亮点，就需要转换研究问题，用新问题取代原有问题。

②细化。将总体计划中的一些构想更加具体化，使之更具有可行性和操作性。

③分解。研究者经过商讨论证以后，把问题由起初的宏观问题研究分解为几个不同的小问题。

④调整。根据实际情况改变研究步骤和研究方法，使行动研究的过程更加科学、完善。

⑤完善。研究方案是在研究工作展开后逐渐产生的，需要一个逐渐系统、完备的过程。

研究方案的基本框架参考

课题名称

一、课题的提出

(一)研究背景

(二)研究意义及价值

(三)研究基础和经验

(四)理论依据

二、研究设计

(一)预期目标

(二)研究对象

(三)研究内容

(四)研究方法

(五)研究检测

三、组织机构及人员分工

(一)课题领导小组

(二)课题指导小组

(三)课题研究小组

四、实施步骤及研究措施

(一)第一阶段：准备阶段

(二)第二阶段：实施阶段

(三)第三阶段：总结阶段

五、预期成果

六、保障措施

3. 行动与反思

行动与反思，是整个研究工作成败的关键。

（1）行动

行动，包含研究者的认识和决策，行动要符合伦理原则，不能对学生的学习和成长造成伤害，它是研究者有目的、负责任、按计划实施研究的过程。

把计划付诸行动是行动研究的核心步骤，是行动研究区别理论研究的本质特征。这一阶段的特点是边执行、边监控、边调整。

在行动中，要注意观察并及时收集每一步行动的反馈信息，可行则按计划及研究进度继续进行，反之，则根据需要对总体计划甚至具体方案做出调整或修改，为了保证研究结果分析的客观性，对计划的调整要做好记录，并说明调整的缘由。

在行动中，要借用观察、访谈、设想、日志、个案、录音、摄影、摄像、测量、评估等实证研究手段，对行动过程、结果、背景以及行动者进行观察、监控、过程记录。

在监控过程中，要注意按照计划，但不满足于先前的构想，也不要过多地受到执行中可能遇到的困难干扰，要随时注意观察、改善和解决问题的变化情况，及时记录各种新情况、新问题和新感想。

思考与训练：

（1）选择适合你的方式方法，对这次行动研究实施过程进行系统地记录。

（2）在行动中，你又发现了哪些新情况、新问题？有了哪些新想法？

（2）反思

反思是研究者自我适应与发展的核心手段，是对行动过程及行动结果的思考。反思既是行动研究一个过程的结束，同时又是一个新过程的开始。反思包括评价和总结两个阶段，能够对自己的工作进行持续不断地系统反思，是研究型教师具备的基本素质。

评价，是对行动研究的过程和结果作出判断，对有关现象和原因作出分析解释，找出计划与结果的不一致性，从而明确问题的根源，确定下一步行动计划是否需要修正及如何修正的判断和构想。

思考与训练：

(1)研究问题的界定是否明确？

(2)行动的操作定义是否清楚？

(3)研究方案是否周详并切合实际？

(4)研究者是否按计划执行？

(5)资料收集与记录是否准确详尽？

(6)本次行动研究的信度与效度如何？

总结部分的主要工作是整理和描述，即在评价的基础上对观察到的、感受到的与制订计划、实施计划有关的各种现象加以归纳整理，描述出研究的循环过程与结果。

思考与训练：

(1)总结出这次行动研究得出的结果。

(2)研究的结果是你所期望的吗？重要吗？为什么？

(3)列举并阐述这次行动研究实际造成的改变及影响、价值及意义。

(4)你的这次行动研究有无说服力，列出证据支持你的主张。

(5)多方征求意见，完善本次行动研究。

4. 表达成果，撰写报告

教师不断实践、反思、调整，通过螺旋循环推进式的改革过程，使问题得到相对满意的解决，就可以在一个阶段的教育行动与教育实践完成之后，凭借理论思维进行概括，形成自己的理论和体系，并以报告的形式总结成果，公开呈现。

(1)报告相关要素

①相关文献资料，包括学术文献、教育行动研究文献及其他文件等。

②所有的使用方法、技术、行动策略的设计与执行。

③研究的发现，包括观察(评鉴)结果、反省辩证过程，以及可能发现的"意外收获"。

④结论与意义，特别是对其他教师教学实践及后续教育行动研究的启示。

(2)成果表达形式

由于一般学校情境中教师所作的行动研究报告并不属于专业的学术论文范

畴，所以成果表达的关键是如何呈现行动研究解决实际问题的过程以及教师专业的成长，这样就允许有自己的特色，可以采取多种不同的写作形式，如教育叙事、教育日志、教育案例、教育课例、教育反思等。

①教育叙事是指在研究中采用叙事方法呈现的研究成果。其基本特征是研究者以讲故事的方式表达自己对教育的理解和解释，它让人从一个或多个故事中体验到教育是什么或者教育应该怎么做。

教育叙事按照领域一般分为德育叙事、教学叙事、生活叙事、自传叙事等，其特点是题材新颖、情节具体、记述精巧、意趣浓郁、寓理深刻。

教育叙事研究和写作过程中要注意多向收集资料，把握事件主线，注重事件细节并关注事件的分析阐释。

②教育日志，是教师通过聚集教育教学某些生活事件，用语言符号和文字梳理自身的行为，定期记录真实的生活场景，有意识地表达自己。

通过撰写教育日志，教师可以定期回顾和反思日常的教育教学情境，更多地了解自己的思想和行为。

日志的主体部分是教师对观察的记录和白描。每一次撰写的日志都包含一些基本的信息，如时间、地点、参与者以及其他看起来对研究相对重要的事。

日志常用的记录形式包括备忘录、描述性记录和解释性记录。

备忘录是最常见的日志形式，它通过研究者试着去回忆，写下特定时段的经历而再现教育实践中的生活场景。

在靠记忆写备忘录之前，不要和任何人讨论，以防修改记忆，写备忘录要依照事件发生的先后次序及时记录，在过程中可以通过一些缩写符号和短语来记录重点。

描述性记录包含研究活动的说明、教育事件的描述、个人的肖像与特征、时间、地点与设备的介绍等。在任何可能的时候，有人说了什么话最好直接记录并用引号表示或用独立的一段文字说明，因为从中可以反映隐藏在个体或群体行为背后的态度。

感受、解释、创见、思索、推测、预感、事件的解说、对自己假设与偏见的反思、理论的发展等都属于解释性记录。解释不仅会在写下经验时产生，也会在不久之后产生。任何的撰写都适宜日后不断地重复阅读，这样可以发现并修正错误，许多事也会变得更为清晰，在原来文章中的思想表达也可能被重新建构。

撰写教育日志应形成习惯，坚持不懈，在一段时期内可以围绕一个主题来写，且要将事件记录与事件分析结合起来，日志虽具有隐私性，但在可能的情况下还是需要和同伴进行交流。

③教育案例是含有问题或疑难情境在内的真实发生的典型事件，把这些事件记录下来，加上作者的反思和感悟，就是案例研究。

案例是教师自我提高的好途径，是校本培训的好形式。一个案例就是一个实际情境的描述，在这个情境中，包含有一个或多个疑难的问题，同时也可能包含有解决这些问题的方法。

案例可以是课堂教学，也可以是德育、班级管理、学校管理方面的内容，案例融记叙、说明、议论于一体，在叙述上还要有矛盾冲突，所以要围绕一个主题来写，根据主题取舍材料、组织加工。

一个相对完整的案例一般应具有以下内容。

①标题。标题反映事件的主题或形貌。

②案例。案例要有一定的问题情境，这个问题在案例中可能解决了，也可能没有解决，所以首先要交代"背景"，之后再展开事件叙述。

③思考分析。首先多角度地提出几个有价值的问题，引起读者的思索，可以指出解决的途径，也可以只提出富有启发性的问题，然后再对案例进行简明扼要地评述和分析。

教育案例写作为教师提供了一个记录自己教育教学经历的机会，可以促使教师更为深刻地认识到自己工作中的重点和难点，促进教师对自身教学行为进行反思，提升教学专业水平，同时，还为教师之间提供了一种有效分享经验的沟通方式。

④教育课例是一个实际的、典型的教学例子，是对一个教学问题和教学决策的再现和描述。它是教师在同事或研究员的支持下，运用观察、记录、分析、反思等手段，通过选题、选课、设计、实施与记录、课后讨论、分析和提炼等过程，对具体的课堂教学活动进行的研究。课例追求教学与研究的一体化，记叙、议论、说明是课例的主要表达方法。

一般情况下，课例的表达形式具有教学设计、课堂教学描述、教学反思三部分结构。

在课例的基础上反映出研究的工作过程，即课例研究报告。一个较完整的课例研究报告，应该体现背景介绍、研究过程描述、教学反思、教学改进和成果描述几方面的内容。

⑤教育反思是个体对自身教育观念及行为的认识、监控和调节。美国学者布鲁菲尔德认为："反思性实践过程的核心是通过不同的视角来观察我们是怎样思考和工作的。"

一般意义上，广义的反思包括教育日志、叙事研究、案例研究在内。

狭义的反思则指的是教师以体会、感想、启示等形式对自身教育教学行为进行的批判性思考，是在记录教育事实的基础上所进行的思考和批判。

教育反思的类型很多，有专题反思与整体反思，即时反思与延时反思，课前反思、课中反思与课后反思等。

教学建议

1. 教师授课：出示一份经典的行动研究报告作为案例进行展示，使学员对行动研究形成初步印象，继而阐述行动研究的课程目标，结合案例讲解行动研究法的基本概念和基本要求、基本环节和一般步骤。实训过程中，教师要深度参与并注意监控学员对问题的思考及研究过程，对学员进行及时、有针对性的指导。

2. 学生实践：明确本课学习任务及课程目标，了解行动研究法的概念和特点，掌握如何根据确定的问题按步骤实施行动研究的方法和技能。建议以课题组为单位，结合本方法的学习，做一次完整的行动研究，并试写一篇关于教师行动研究的研究报告。

思考与练习

(1)请把你的本次行动研究进行系统梳理并撰写报告。

(2)本次行动研究解决你当初的问题了吗？

(3)通过本次行动研究，你在专业方面有哪些成长和收获？

(4)你准备如何进一步深化本次行动研究的成果？

(5)你又发现了哪些有价值的新问题？

第四讲　教育统计方法

课程目标

1. 了解教育统计的内涵、特点及原则；
2. 了解教育研究实验设计的相关知识并在研究中加以运用；
3. 掌握数据处理及分析的基本方法，能够对统计计算结果进行解释。

第一节　教育统计概述

一、教育统计的含义

教育统计有三方面的含义，即教育统计学、教育统计工作、教育统计资料。

(一)教育统计学

1. 什么是教育统计学

教育统计学是运用数理统计的原理和方法研究教育问题的一门应用科学。它的主要任务是研究如何搜集、整理、分析由教育调查和教育实验等途径获得的数字资料，并以此为依据进行科学推断，从而揭示蕴涵在教育现象中的客观规律。

2. 教育统计学的主要内容

教育统计学的研究内容，从不同的角度可以分成不同的类别。从具体应用角度来分，可以分成实验设计、描述统计和推断统计三大类。

(1)实验设计

研究者在进行教育研究工作之前所作的研究计划，称为实验设计。例如，教育调查的设计、教育实验的设计等。

(2)描述统计

对已获得的数据进行整理、概括，显现其分布特征的统计方法，称为描述统计。

（3）推断统计

根据样本所提供的信息，运用概率的理论进行分析、论证，在一定可靠程度上对总体分布特征进行估计、推测，这种统计方法称为推断统计。

（二）教育统计工作

1. 什么是教育统计工作

教育统计工作是教育统计的实践活动。它是运用一切科学的方法（主要是教育统计方法）收集、整理、研究和提供各种教育统计资料的工作总称。

2. 教育统计工作的过程

一个完整的教育统计工作过程，分为统计设计、统计调查、统计整理和统计分析四个阶段。

统计设计阶段要根据研究对象的性质和研究的目的在进行充分考虑和安排之后做出设计方案。

统计调查阶段要根据设计方案进行具体调查以取得各种原始数据资料。

统计整理阶段要将大量的原始数据资料进行加工整理，使之系统化、条理化，形成综合统计资料。

统计分析阶段要运用各种统计方法对统计资料进行分析研究、做出判断和评价、进行预测、提出建议。

教育统计工作的四个阶段是既各有侧重、相互独立，又相互关联、相互影响的统一的整体。统计设计是统计工作的前提，统计调查是基础，统计整理是工作的关键，统计分析是最终目的。

（三）教育统计资料

1. 什么是教育统计资料

教育统计资料是教育统计工作中取得的数字资料及其相联系的其他资料的总称，包括原始数据资料和经过整理、分析、研究所形成的统计资料。教育统计资料指的是教育统计工作的成果。

统计的目的就是获得统计资料。统计资料的基本形式是数字资料（数据）。

2. 教育统计资料的来源

（1）经常性资料

经常性资料主要指文字记载的资料，包括日常工作记录和统计报表等。例如，学生平时的测验考试成绩、健康状况、奖惩情况，关于教师的职称、工资、教学评价等。

(2)专题性资料

专题性资料主要是指通过专题性的调查或实验所获得的资料。例如，为了了解小学生的视力所做的专题调查所获得的数据资料。

3. 数据的种类

(1)分类资料和称名数据

分类资料和称名数据是指通过调查得到的个体的类别信息。它通常是根据某种标准，将调查对象分为可能存在的两个或更多的类别，由调查对象根据自身情况确定所归属的类别。例如，教师的性别，学生在班级中的职务，学生对某种行为、事物的态度——赞成、反对、不确定等。对于这类信息，一般是通过计数的方法，利用得到的每类个体的数目或其在总体（或样本）中的百分比，来揭示调查对象在某方面的分布情况或成分结构。在建立数据库、登录数据时，分类资料通常用数字代码表示，如用1表示男性，用2表示女性；用1、2、3分别代表赞成、不确定、反对的态度类别。最常用来描述此类数据的统计量是频数、比率或百分比等。

这是一种测量精确度最低、最粗略的基于"质"因素的变量，它的取值只代表观测对象的不同类别，如"性别"变量、"职业"变量等都是名义变量。一般只能统计出现的次数及其总计数。因此，最常用来描述名义变量类数据的统计量是频数、比率或百分比等。

(2)顺序数据和等级数据

这种数据资料主要显示个体在某方面特征或需求水平的高低、强弱。为得到这类信息而设计的题目或测验，称为等级量表或顺序量表。例如，教师对学生学业成就、品德评定的等级，如优、良、中、及格或不及格，5分制5、4、3、2、1，就属于等级数据。它的取值的大小能够表示观测对象的某种顺序关系（等级、方位或大小等），也是基于"质"因素的变量。例如，"最高学历"变量的取值是：1——小学及以下，2——初中，3——高中、中专、技校，4——大学专科，5——大学本科，6——研究生以上。由小到大的取值能够代表学历由低到高。适合于有序变量数据的数学关系是"大于（＞）"和"小于（＜）"关系。

这种数据虽然能区分出个体在某方面的水平差别，但他们没有相等的单位。例如，1和2之间的差距与2和3之间的差距，就不会被认为是相等的。在建立数据库时，非数值型等级信息也常用数字表示。在描述调查得到的分类资料信息或比较不同群体的水平差异时，通常用实际次数和百分比来显示或比较数据的分布特征。

（3）等距数据

在对变量进行测量时，有些变量的值只有相等的单位，但没有绝对零点，这类变量称为等距变量。等距可以显示出测量对象的大小、高低之别，可以精确区分测量对象间的差异，如温度、测验成绩等，其相应的变量值就称为等距数据。

（4）比率数据

对一些变量进行测量时，变量值（测量数据）既有相等的单位，又有绝对零点，这类变量称为比率变量，其相应的变量值称为比率数据，如身高、体重、时间等。

原始数据的种类不同，统计处理的方法也不同。如果滥用统计方法，会使统计结果毫无意义。

二、教育统计的基本特点

（一）数量性

教育统计是通过数字资料（数据）来说明教育规律和特征的，而且要达到一定的量，否则将影响结论的可靠性。

（二）工具性

教育统计学是对教育问题进行定量分析的重要科学工具，无论是教育调查，还是教育实验，都需要用统计方法进行处理和分析。

三、学习教育统计的意义

（一）为教育科学研究提供科学的研究方法

统计方法为从事科学研究提供了一种必不可少的科学方法。首先，教育统计分析方法可以提高教育研究的效率。科学工作者开展科学研究时，由于人力、物力、财力、时间等限制，往往不可能把具有同类特征的所有对象或现象一一进行观察、测量。中小学教师进行的课题研究需要有教育统计的基本理论和方法作为研究的基础，使研究更加有信度和效度。例如，我们要研究海淀区青年教师专业化发展现状，由于条件限制，不可能对所有教师进行测量，我们就可以采取适当的抽样方法获取样本信息，运用推断统计的方法，在一定可靠程度上推断总体的信息。

(二)为教育科学研究提供定量分析的工具

在教育研究的过程中，主要的研究分析方法有两类，一类是定性分析，另一类是定量分析。教育统计学就是对教育问题进行定量分析的重要科学工具。在定量分析的过程中，需要将文字的、非定量的信息转化为定量的数据，然后运用教育统计的原理和方法进行定量分析。运用定量分析的方法的教育研究主要是通过数据的展现说明统计结果。

运用统计方法对教育问题进行定量分析，可以弥补仅有定性分析的不足。在定性的现象描述、文字叙述和议论的基础上，结合定量的统计图表说明、数据分布特征量的计算和统计推断分析，实现定性分析与定量分析的相互渗透和相互补充，保证教育研究的质量，提高教育研究的价值。

第二节　教育研究的实验设计

研究者在进行教育研究工作之前所做的研究计划，称为实验设计。

实验设计是进行教育研究工作的前期准备，是整个研究工作的基础。本节主要介绍抽样设计、教育调查的设计和教育实验的设计。

一、抽样设计

(一)大数定律

由于各种现象是在很多因素错综复杂的作用下形成的，每个单位受各种因素的影响的方向和程度以及各种因素相互结合的方式都有不同，因而它们的数量变化带有一定程度的偶然性。通过对现象的大量观察，消除了偶然的次要因素所引起的个别差异，就能显示出被研究总体在数量关系上的一般规律性，这就是大数法则。

(二)抽样

1. 总体和个体

我们把研究对象的全体称为"总体"，研究对象的每一个基本单位称为"个体"。

2. 样本和样本容量

样本是从总体中抽取的作为观察对象的一部分个体。

总体中所含个体的数量叫"总体容量"(N)，样本中所含个体的数量叫"样本容量"(n)。

例如，分析"北京市农村初中学生学习动机问题"，总体是北京市农村初中学生，可能很多(50万)；在研究时选取500人作为研究对象，就是样本。那么总体容量为50万，样本容量为500。

3. 抽样

从总体中抽取样本的过程，叫做抽样。

抽样研究方法的基本思想是：从要研究的对象全体中抽取一小部分进行观察、调查或实验研究，在此基础上对整体情况进行推断。由于样本容量要比总体容量小得多，样本只是总体的一小部分，所以样本与总体的结果会有所不同，这种不同造成从样本情况推论总体情况时的误差，称为"抽样误差"。抽样误差不可避免，但是可以把它限制在最小范围内，使得抽样研究所得的结果能最大限度地反映总体情况。影响样本代表性的因素有两个：样本容量和抽样方法。

确定样本容量的基本原则是，在尽量节省人力、物力、经费和时间的条件下，容量的多少在于足以能够作出统计处理，以确保样本推断总体时能达到预定的可靠度和准确性。样本容量增加到一定程度以后，可靠度和准确性增加的速度开始减慢。这时样本数的增加对认识总体的价值已经不大，所以样本容量并不是越多越好。

样本容量与控制严密程度有关，教育实验控制较为严密，样本容量可以少一些；教育调查容量则要大，一般要在100以上。

由于统计方法的需要，将容量大于30的样本称为"大样本"；反之，称为小样本。但是，由于教育现象比较复杂，很少使用小样本。

(三)常用的抽样方法

1. 单纯随机抽样

如果总体中每个个体被抽到的机会是均等的(抽样的随机性)，并且在抽取一个个体之后总体内成分不变(抽样的独立性)，这种抽样方法叫做单纯随机抽样。也就是说，总体中每一个个体都有被抽取的可能，且机会是均等的。样本的抽取完全是出于偶然，"不挑不拣，碰运气"。单纯随机抽样的特点是：随机性很强，但抽到的个体在总体中分布不一定均匀。单纯随机抽样可以由总体内所有的个体组成任何可能的样本。

常用的方法有抽签法、随机数目表法和摇号机。

2. 机械抽样(等距抽样)

把总体中的个体按一定顺序编号，然后依固定的间隔取样(间隔的大小视所需样本容量与总体中的个体数目的比率而定)，这种抽样方法称为机械抽样。

例如，为了了解某校大学一年级学生英语学习情况，拟从1500个大一学生中抽取1/10作为样本。先将这1500个学生的英语测验分数由低到高排列，并从1至1500编号，然后按1、11、21……号码的顺序和间隔抽取分数，并组成一个样本。

3. 分层抽样(类型抽样)

按与研究内容相关的因素或指标把总体划分成几部分(或几个层面)，然后从各部分(各个层面)中进行单纯随机抽样或机械抽样，这种方法叫做分层抽样。

将总体分层的原则是，首先按照一定的标准(与研究内容相关的因素或指标)，把总体中的异质个体分成互不包容、相互独立的类，使每类内部的个体组成是同质的；然后分别计算出各类的个体数，根据确定的样本容量总数，按各类在总体中的比率确定各类应抽取的样本数，最后在各类中分别用单纯随机抽样或机械抽样方法选出样本。

4. 整群抽样

从总体中抽取的研究对象，不是以个体作为单位，而是以研究前自然存在的群体为分析单位的抽样方法。各群的抽取，可采取随机、类型、等距等抽样形式。

整群抽样在两种情况下使用：一是总体的数量很大，二是原来存在的自然群体在研究过程中不适宜拆开重组。

例如，要了解某市课程改革的情况，可以以区县为单位进行抽样。为了增强样本对总体的代表性，使整群抽样的分布比较均匀，可以将整群抽样和分层抽样相结合。先按照一定的标准将所有区县分成几部分，如可以分为教育发达区县、一般区县、薄弱区县，然后根据样本容量与总体中个体的比率，从三类区县中随机抽取样本区县，组成整群样本。

二、教育调查

教育调查通常是依据统计的思想，从研究总体中选取一部分样本，通过访谈、问卷、测验等手段对样本进行研究，获得有关样本的资料和信息，然后根据样本的信息特征在一定可靠程度上推断相应的总体特征。

(一)教育调查的研究类型

1. 按照调查取样的范围分

按照调查取样的范围不同，调查可以分为全面调查、典型调查、抽样调查。

全面调查，即一定范围内的普查，是对某一研究总体内所有个体进行研究调查，总体有多大，样本有多大。全面调查就是对需要调查的对象进行逐个调查。这种方法所得资料较为全面可靠，但调查花费的人力、物力、财力较多，而且调查的时间较长，不适合一般企业的要求。

典型调查，指根据调查研究的目的，在若干同类调查对象中选取一个或几个有代表性的对象进行系统、周密的调查研究，从而认识这一类对象的本质特征、发展规律，找出具有普遍意义和有价值的经验与值得借鉴的教训，此法又叫"解剖麻雀"。典型调查中应注意正确地选择典型、注意点与面的结合、定性分析与定量分析结合。其优点是了解的事物生动具体，资料详尽，对问题的研究深入细致，调查方法灵活多样。可以长期蹲点深入实际，直接观察，也可开调查会或个别访问。投入的人力也不多。

抽样调查，按抽样方法从调查的总体中抽取部分样本进行调查，并以样本特征在一定可靠程度上估计和推断相应的总体的特征。抽样调查在教育调查中的应用比较广泛，而且具有比较好的代表性。

2. 按调查事实发生的时间不同分

按调查事实发生的时间不同，调查可以分为：现状调查、回顾调查、追踪调查。

现状调查，是指对当前正在发生或存在的事物进行的调查。通过现状调查，可以把握研究对象的现实状态，及时发现存在的问题，有针对性地施加影响。例如，高中语文课堂教学现状调查。通过调查，了解高中语文课堂教学的现状、优势、不足，用于改进教学。

回顾调查，是指通过追溯的方式来探讨造成结果的形成原因，由果到因的分析与研究。回顾调查可以将与研究内容相关的可能因素进行罗列，然后核实、筛选，找出导致结果的形成原因。但是仅凭调查的结果还不足以说明因果关系，要确证是因果关系，还需要其他研究方法的配合和互证。例如，对全国第三次死因回顾调查。

追踪调查，是指对研究对象在较长时期内做间隔性的观察或了解。追踪调查是对同一组被试的统一特征用同一种标准进行反复的观察和研究，然后分析其发展水平和趋势，探索其内在的规律。研究的周期比较长。如对中学入党的学生党员发展状况进行追踪调查，可以在毕业后十年之内每两年调查一次，以了解入党对该学生群体的后期影响。

3. 按调查手段不同分

按调查手段不同分，调查可以分为书面调查法、口头调查法。

书面调查法主要通过填写问卷、调查表、测验卷等书面方式搜集研究者所需要的材料的方法。其中，问卷调查法是较为广泛使用的书面调查法。它是研究者为了了解某些事实或意见，向调查对象分发印好的问题表格，要求实事求是地填写，然后回收整理进行研究的一种调查方法。

口头调查法主要有两种，一种是个别访谈，另一个是开座谈会。个别访谈是一种通过与调查对象面对面谈话直接收集资料的方法，也是教育研究中最重要的调查方法之一。这种方法可以获得更深入、具体的信息。个别访谈法可分为面访和电话访谈。最简单的个别访谈是严格按照访谈提纲进行的一问一答式的谈话。有时个别访谈采取比较开放的形式，由访谈员提出一个范围较大的中心问题，由被访者回答，访谈员再根据回答的情况和调查需要进行追问。这种个别访谈，需要访谈员对研究目标有明确的认识，有灵活掌握谈话和逐步逼近主题的能力。谈话时，事先要有充分准备，包括准备好谈话提纲，这是访问调查得以成功的基本条件。

开座谈会，是由熟知情况、富有实践经验的人员主持会议，依照事先准备好的调查提纲向到会者提出问题、展开讨论，借以取得资料的一种方法。开座谈会，调查者和调查对象可以直接对话、共同研讨、互相启发、相互核实，可以就某一方面的问题展开较深入的讨论，是问卷所不具备的。

研究者可以根据研究的需要，将上述研究类型灵活地结合使用，以实现方法的互补。

(二)教育调查的研究过程

教育调查主要分为三个阶段：准备阶段、调查阶段和分析总结阶段。

1. 准备阶段

准备阶段分为五个步骤。

一是选择课题。通过对教育领域中研究形势的把握和现实问题的探讨，变问题为课题，来确定调查的课题。

二是确定调查类型和方式方法。根据课题研究的需要、实际的物质条件和研究者本人的能力，选择调查的类型及方式方法。

三是确定调查对象。除了全面调查和典型调查以外，一般都是采用抽样调查的方式进行。研究者应按照一定的抽样方法来确定研究总体和样本。

四是拟订调查计划。调查计划是调查工作的程序安排，一般包括的内容有：调查的课题、研究的目的意义、调查的类型和方式方法、调查范围和抽样方案设计、调查步骤和人员分工、调查日程安排等。

五是编制工具。调查需要通过某种形式或工具去收集资料。研究工具一般随研究方法而定，如果是以调查为主的研究，则要编制调查问卷。工具并非都要自行编制，当有合适的现成的量表或测验，则可以选择应用。

2. 调查阶段

调查阶段是调查研究的关键阶段，它的任务是全面、系统、客观、真实地搜集资料。主要包括两类：一是书面资料，来自调查对象填写的调查资料；二是来自调查对象的口述资料及由调查者观察所得的事实材料。

3. 分析总结阶段

分析总结阶段的主要任务是在全面占有调查资料的基础上，对资料进行系统的梳理、分类、统计和分析，并写出研究报告以及成果的推广应用。

一是整理调查资料。在搜集资料的基础上，对其进行整理和分析。根据资料的性质，整理资料的方法可以分为两类：定性分析和定量分析。定性分析以描述性的材料为主，要用概括和流畅的文字加以整理；定量分析以分析数据材料为主，运用描述统计、推断统计方法进行统计分析。

二是撰写调查报告。调查报告使用符号的形式将成果显示出来。调查报告的内容一般包括研究问题、研究方法、研究结果、讨论与分析、结论与建议等部分。还要对研究过程、研究方法以及研究中的一些重要问题或下一步研究的设想进行系统的叙述和说明。研究报告要求简单明了，客观可靠，通俗易懂。

三、教育实验

实验法就是研究人员根据研究目的，运用一定的人为手段，主动干预和控制研究对象的发生、发展过程，并通过把有干预情况下所获得的事实和没有干预情况下同类对象变化的事实进行比较，确认事物间的因果关系的方法。在教育研究中，往往需要通过对研究中变量的控制来揭示事物间的因果关系，这就需要运用教育实验的方法。在自然环境下进行实验，称为自然实验法。在实验室进行实验，称为实验室实验法。

实验法的特点如下。

第一，实验法要主动变革研究对象。它是通过改变研究对象的性质或状态来进行研究的方法，它要求对研究过程中所涉及的各种变量做出分析与控制，没有控制就没有实验。

第二，实验法是用来揭示研究对象内在变量间的因果关系的。

第三，实验法要求有假设和验证，有严格的操作规则、精确的测量手段和数据处理，以保证研究结果的客观性和准确性，并且在相同条件下有可能重复同一实验。越是经得起重复的实验，其科学性、可靠性越高。

(一)教育实验变量的控制

1. 变量的识别

按照与研究目的的关系进行分类，变量可以分为两大类：实验因子和无关因子。

实验因子是实验要揭示其相互关系的两个或多个变量。无关因子是指那些不是该实验所要研究的变量。

实验因子又可分为自变量和因变量。自变量是在实验中由研究者操纵其变化的量。因变量是实验中随自变量变化而变化的变量。在形成研究假设时，就应该确定研究的自变量和因变量。例如，在"合作训练对小学生合作水平影响的实验研究中"，自变量为合作训练，因变量为小学生合作水平。

2. 自变量的操纵设计

自变量并非是实验过程中任其自然变化的变量，所谓"自变"，只是相对"因变"而言，对于研究者来说，自变量是由他操纵的，所以在实验中必须考虑如何操纵自变量的变化。

在教育实验中，实验变量往往是综合的，因此，教育实验中自变量远不如自然科学实验(包括心理实验)那样简便。单纯变量的情况是比较理想化的实验，因为任何教育效果都不可能是由单一变量引起的。

为了操纵自变量的变化，对实验对象所采取的措施和施加的条件，又称实验处理。它是由研究者创设和操纵的，用它能促使实验对象产生反应和变化。通过实验处理，研究者可以观察自变量的介入会引起实验对象发生什么变化和反应。

3. 无关变量的控制

为了提高实验的内部效度和外部效度，需要对除自变量和因变量以外的无关变量进行控制。无关变量一般通过以下三种方法来控制。

（1）消除法

通过采取一定的措施，设法将影响结果的无关变量排除在实验之外，不让它参与到实验的过程中来。这是控制无关变量的最主要、最理想、最基本的方法。

（2）恒定法

恒定法是指对一些无法排除在实验之外，但可由实验者改变的无关变量，采取一定的措施，使这些变量在实验中保持恒定不变的方法，即把变量变为常量的方法加以控制，使无关变量的影响在实验前后保持不变。这是控制无关变量的基本方法。

（3）均衡法

均衡法是指对某些不能消除，又不能保持恒定的无关变量，在实验组与控制组或几个不同的组内，将无关变量保持基本相同的状态，使它们在不同组内对实验因子的影响基本一致，从而不影响自变量与因变量关系的显现，从而达到控制的目的。

（二）教育实验对象的配组

实验配组涉及两个概念：实验组和控制组。实验组是在实验中引进实验自变量的组，即接受实验处理的组，实验组中因变量的变化应体现与自变量的关系；控制组又称对照组，指除了没有接受实验处理外，其他条件与实验组都等同或相似的组。

1. 实验配组

实验配组是指如何将实验对象分配到实验组和控制组中去。

配组的基本要求是尽可能使组与组之间等质，避免因实验对象的差异而产生对实验结果的影响。下面介绍几种常用的配组方法。

（1）随机法配组

随机法配组是指从研究总体中随机选择实验对象，然后将实验对象随机分配到实验组和控制组，由研究者随机对实验组和控制组进行不同的实验处理。

（2）随机区组法配组

随机区组法配组是事先对实验对象进行测试，根据测试成绩将实验对象分成若干个同质的区组，然后将每个区组内的实验对象随机分配到实验组和控制组。

（3）配对法配组

配对法配组是指在实验自变量介入之前，对全体实验对象进行测试，测试性质与内容和实验性质与内容基本相似或相关，然后根据某些条件基本一致的原则，将实验对象一一匹配成对，形成等组，再随机地分配到实验组和控制组。

2. 实验类型设计

为了突出实验因子的作用，排除无关因子的干扰，显现研究者所操控的自变量对因变量的影响，一般要对引入自变量前的因变量状态与引入自变量后的因变量状态作比较。根据比较的组织形式不同，实验设计的类型有以下几种。

（1）单组实验设计

单组实验是指对随机抽取的一组被试先后施行两种不同的实验处理，即只设一个实验组的设计，通过实验处理前后两次测量的差异，来比较和显现实验处理以后的效果。

（2）等组实验设计

将被试随机分成两个或两个以上的等值组，然后分别施以不同的实验处理，并使一切无关因子对各组的影响相等。具体地说，就是将实验对象随机地分配到实验组和控制组，使两组在总体上保持同质，对实验组实施实验处理，对控制组不实施实验处理，然后对实验组和控制组的测定结果进行比较。

（3）轮组实验

轮组实验是对不同的组，以不同的顺序，轮流施以不同的实验处理的实验设计。即将不同的实验处理轮流地施予各组，根据每个实验处理的总和效果来确定实验处理的效应。

第三节　描述统计

描述统计是指通过对实验或调查所获得的数据的整理、制表、绘图，计算各种代表量，如集中量(如平均数)、差异量(如标准差)、相关量(如相关系数)等，将大量零散的、杂乱无章的资料简缩、概括，使其分布的特征清晰明确地显现出来。

一、集中量

集中量是代表一组数据典型水平或集中趋势的量。它能反映频数分布中大量数据向某一点集中的情况。

常用的集中量有：算术平均数、中位数、众数等。我们选择常用的算术平均数和加权平均数进行学习。

(一)算术平均数

1. 概念

算术平均数是所有观察值的总和除以总频数所得之商，简称平均数或均数、均值。

2. 计算

$$\bar{x} = \frac{\sum_{i=1}^{N} x_i}{N} = \frac{x_1 + x_2 + \cdots + x_N}{N}$$

其中：

$\bar{x}$ 表示算术平均数；

$\sum$ 表示总和；

x_i 表示依次的观测值；

N 表示总频数。

3. 算术平均数的优缺点

优点：反应灵敏、严密确定、简明易懂、计算简便等；

缺点：易受两极端(极大或极小)的影响；一组数据中某个数值的大小模糊不清或不够确切时，就无法计算其算术平均值等。

(二)加权平均数的使用

有时根据需要，参与平均数计算的各个数据因地位或作用不同而不能平等对待，就要分别赋予不同的权系数，这样所得到的平均数称为加权平均数。

$$\bar{x}_w = \frac{\sum wx}{\sum w}$$

其中：

$\bar{x}_w$ 表示加权算术平均数；

w 表示权系数。

举例：

一个学生某门学科期中测验成绩为 72 分，期末测验成绩是 86 分，若学期成绩按照期中与期末分数之比为 4：6 计算，学期成绩是多少？

$$\bar{x}_w = (72 \times 4 + 86 \times 6)/(4+6) = 80.4$$

二、差异量

例如，三个组的测验成绩如下。

甲：8，9，10，11，12

乙：5，7，10，13，15

丙：1，3，10，17，19

你能对这三组成绩做何种分析？

经过计算，三组数的算术平均数一致，但离散程度不同。

1. 概念

描述一组数据变异程度或离散程度的量叫做差异量。

2. 差异量的作用

第一，可以代表数据的差异情况，即离散情况。

第二，它可以说明集中量的代表性的程度。差异量越小，说明数据的集中程度越高，集中量的代表性越好，反之亦然。所以，要了解一组数据的全貌，必须同时计算集中量和差异量。

常用的差异量有：全距、平均差、方差、标准差等，这里只介绍标准差。

3. 标准差

就是离差平方和平均后的方根。

$$\sigma_x = \sqrt{\frac{\sum (x - \bar{x})^2}{N}}$$

其中：

σ_x 表示标准差。

标准差的值越大，表明这组数据的离散程度越大，即数据越参差不齐，分布范围越广；标准差的值越小，表明这组数据的离散程度越小，即数据越集中、整齐，分布范围越小。

注意：标准差可以反映一组数据的离散程度。标准差的单位与原始数据的单位相同。

三、相关量

(一)相关关系

在教育实际中，经常会遇到许多相互之间有关系的变量，如身高和体重、数学成绩和物理成绩、智商与学习成绩等。这种关系无法用函数关系表示，但变量间确实存在关系数值不固定的相互依存关系，称为相关关系。

(二)相关关系的种类

按照变量的个数分为：单相关、复相关。

按照两个变量之间相互关系：直线相关、曲线相关。

直线相关按照两个变量相互变化的方向分为正相关、负相关和零相关。

(三)相关系数

概念：用来描述两个变量相互之间变化方向及密切程度的数字特征量称为相关系数，通常用 r 表示。

取值范围：$-1 \leqslant r \leqslant 1$。$r$ 的正负表示两个变量之间变化的方向；r 的绝对值的大小表示密切程度。$r=1$，表示完全正相关；$r=-1$，表示完全负相关；$r=0$，表示完全独立。

注意：$r=0.6$ 和 $r=-0.6$ 所表示的相关程度是相等的，只是方向不同。

相关系数有皮尔逊积差相关、等级相关(斯皮尔曼二列等级相关、肯德尔和谐系数)、质与量相关(二列相关、点二列相关、多系列相关)、品质相关(四分相关、Φ 相关、列联相关)。不同的数据类型需要用不同的计算方法。要根据得到的数据类型来确定使用何种相关系数。

举例：45 名学生跳高与跳远成绩(达标及未达标)如下表所示。问跳高与跳远成绩的相关情况如何？

跳　高	跳　远		总　和
	达　标	未达标	
达标	$a=8$	$b=6$	$14=a+b$
未达标	$c=11$	$d=20$	$31=c+d$
总和	$a+c=19$	$b+d=26$	$45=a+b+c+d$

分析：跳高与跳远的成绩原为测量获得的正态连续变量，并且根据表中的资料可以看出，两者是直线关系，因为两项都达标及都未达标的人数多于一项达标另一项未达标的人数，即 $a+d=28>17=b+c$。若将 45 名学生跳高与跳远

成绩绘制成相关散点图，将会是一、三象限的散点多于二、四象限。（当两个变量都是正态连续变量，且两者呈直线关系，但两者都被人为地划分成二分变量，表示这两个变量之间的相关，称为四分相关）

四分相关系数为：

$$r_t = \cos\left(\frac{180°}{1 + \sqrt{ad/bc}}\right) = \cos\left(\frac{180°}{1 + \sqrt{8 \times 20/6 \times 11}}\right) = 0.34$$

第四节　推断统计

推断统计是根据样本所提供的信息，在一定的可靠性程度上，对总体的分布特征进行估计、推断。推断统计的内容包括总体参数的估计和假设检验两部分。

一、显著性检验的基本思想

显著性检验是统计推断的方法，它是确定一个具有已知统计量的样本是不是从已知对应参数的总体中抽出来的。换句话说：样本统计量与总体参数的差异究竟是由于抽样所引起的随机误差，还是本质上的差异，这些需要经过检验才能加以判定，这种检验就是显著性检验。

二、显著性检验的一般步骤

首先，建立零假设（或称原假设、虚无假设）；

其次，选择和计算统计量——t 值、χ^2 等；

再次，确定 p 值；

最后，判断结果。

三、概率(p)

当实验次数达到无穷时，事件出现的频率与常数相等，我们就称这个常数为事件的概率。在实际中，我们是把在大量的观测情况下获得的事件发生的频率作为事件的概率的近似值。

四、统计推断的基本原理

如果某一事件的概率很小，即在多次重复实验的情况下，发生的频率很小，则称其为小概率事件。

小概率事件在一次实验中几乎是不可能发生的，这是推断统计的基本原理。

一般常用以下两种水平：一种是把概率(p)等于或小于 0.05 的事件，作为小概率事件；另一种是把概率(p)等于或小于 0.01 的事件作为小概率事件。

五、几种常用的显著性检验（T 检验、χ^2 检验、相关检验）

(一)T 检验

对于来自正态总体的两个样本进行均值比较常使用 T 检验的方法。T 检验分为三种类型：单个样本的 T 检验、独立样本的 T 检验和配对样本的 T 检验。

1. 单一样本的 T 检验

也就是样本平均数与总体平均数的比较。使用范围：

①检验单个变量的均值是否与给定常数的均值存在差异；

②若已知总体均数，可检验样本均数与总体均数之间存在的差异。

2. 独立样本的 T 检验

也就是两个独立样本平均数的比较。使用条件：

①两个样本没有配对关系；

②两个样本均来自正态总体。

3. 配对样本/相关样本的 T 检验

也就是两个相关样本平均数的比较。使用条件：

①两个样本有配对关系；

②两个样本均来自正态总体。

T 检验的类型：双尾 T 检验、右尾 T 检验、左尾 T 检验。

实例：单一样本的 T 检验

某市高中入学考试，数学平均成绩为 75 分，从某校考生中随机抽取 26 名学生的数学成绩，其平均数为 76.6 分，标准差为 15.1 分，试问该校的数学成绩与全市的平均成绩有无显著性差异？

检验步骤：

1. 提出假设：H_0：$\bar{X}=\mu$，即该校的数学成绩与全市的数学成绩无差别

2. 选择统计量并计算其值

$$t = \frac{|\bar{X}-\mu|}{\frac{S}{\sqrt{n-1}}}$$

其中：

$\overline{X}$ = 样本平均数；μ = 总体平均数；

S = 样本标准差；n = 样本容量

3. 确定 p 值：$t = \dfrac{|\overline{X} - \mu|}{\dfrac{S}{\sqrt{n-1}}} = \dfrac{|76.6-75|}{\dfrac{15.1}{\sqrt{26-1}}} = \dfrac{1.6}{3.02} = 0.53$

若 $\alpha = 0.05$，再计算出 $\mathrm{d}f = n - 1 = 26 - 1 = 25$，

可从 t 值表中查出：$t_{0.05}(25) = 2.060$（双侧检验）

因为 $t < t_{0.05}(25)$，所以 $p > 0.05$

4. 因为 $p > 0.05$，所以差异不显著，故接受检验假设 H_0，即认为该校的数学成绩与全市的数学成绩无差异。

(二)χ^2（卡方）检验

1. χ^2（卡方）检验(Chi-square test)：

χ^2 检验是对样本的频数分布所来自的总体分布是否服从某种理论分布或某种假设分布所作的假设检验，即根据样本的频数分布来推断总体的分布。

这是一种用途较广的显著性检验方法，常用作比较计数资料差异是否显著的检验。换句话说，对于计数数据，分析检验变量的类别之间的差异，主要用 χ^2 检验方法。

χ^2 检验可以同时处理一个因素分为多种类别，或多种因素各有多种类别的资料。

χ^2 检验与测量数据的假设检验的不同在于：

其一，测量数据的假设检验，其数据属于连续变量，而 χ^2 检验的数据属于点计数据；

其二，测量数据所来自的总体要求呈正态分布，而 χ^2 检验的数据所来自的总体分布是未知的。

其三，测量数据的假设检验是对总体参数或几个总体参数之差所进行的假设检验；χ^2 检验在多数情况下不是对总体参数的检验，而是对总体分布的假设检验。它属于自由分布的非参数检验。

2. χ^2 值的计算

$$\chi^2 = \sum \frac{(f_0 - f_e)^2}{f_e}$$

若实际观察次数与理论次数完全相同，则 χ^2 为 0；

若实际观察次数与理论次数差异越大，即实际观察次数与理论次数相吻合的程度越低，则 χ^2 值越大；

若实际观察次数与理论次数差异越小，即实际观察次数与理论次数相吻合的程度越高，则 χ^2 值越小。

举例：某校进行体能测试，54 名老教师中，良好的 15 人，中等的有 23 人，差的有 16 人，问该校老年教师体能好、中、差的人数比例是否为 $1:2:1$？

检验的步骤：

(1)提出假设

H_0：体能好、中、差的人数比例为 $1:2:1$

H_1：体能好、中、差的人数比例不是 $1:2:1$

(2)计算 χ^2 值

根据零假设，体能好、中、差的理论频数 f_t 分别为：$54 \times \dfrac{1}{4} = 13.5$，

$54 \times \dfrac{2}{4} = 27$，$54 \times \dfrac{1}{4} = 13.5$，然后根据公式，求出 χ^2 值。

$$\chi^2 = \frac{(15-13.5)^2}{13.5} + \frac{(23-27)^2}{27} + \frac{(16-13.5)^2}{13.5} = 1.22$$

(3)统计决断

首先决定自由度。单向表的 χ^2 的自由度一般等于组数减 1，即 $df = k-1 = 3-1 = 2$，查 $\chi^2_{(2)0.05} = 5.99$，再将实际计算出的 χ^2 与之比较，由于 $\chi^2 = 1.22 < 5.99 = \chi^2_{(2)0.05}$，则 $p > 0.05$，按照表中 χ^2 检验统计决断的规则，应保留 H_0，而拒绝 H_1。其结论为：该校老年教师的体能好、中、差的人数比例为 $1:2:1$。

表 4-1　χ^2 检验统计决断规则

χ^2 值与临界值的比较	p 值	检验结果	显著性
$\chi^2 < \chi^2_{(df)0.05}$	$p > 0.05$	保留 H_0 拒绝 H_1	不显著
$\chi^2_{(df)0.05} \leqslant \chi^2 < \chi^2_{(df)0.01}$	$0.01 < p \leqslant 0.05$	在 0.05 显著水平上拒绝 H_0 保留 H_1	显著（＊）
$\chi^2 \geqslant \chi^2_{(df)0.01}$	$p \leqslant 0.01$	在 0.01 显著水平上拒绝 H_0 保留 H_1	极其显著（＊＊）

(三)相关系数的显著性检验

计算出的相关系数，一般都是样本相关系数，只是表示了变量的样本的相关程度。但是相关分析的目的却是要分析两个变量的总体之间是否相关。

举例：45 名学生跳高与跳远成绩(达标及未达标)如下表所示。问跳高与跳

远成绩从总体上说，两者是否存在相关？

跳 高	跳 远		总 和
	达 标	未达标	
达 标	$a=8$	$b=6$	$14=a+b$
未达标	$c=11$	$d=20$	$31=c+d$
总 和	$a+c=19$	$b+d=26$	$45=a+b+c+d$

根据 99 页例题的计算结果，跳高与跳远成绩的相关系数为 0.34。若考查两者在总体上是否相关，需要进行检验。

检验的步骤：

(1)提出假设

$H_0: \rho=0$ $H_1: \rho \neq 0$

(2)计算检验统计量的值

检验统计量为：

$$Z = \frac{r_t}{\frac{1}{Y_1 Y_2} \sqrt{\frac{p_1 q_1 p_2 q_2}{N}}}$$

在这里，p_1 和 p_2 分别表示两个变量中某一类别的人数比率；

q_1 和 q_2 分别表示两个变量中另一类别的人数比率；

Y_1 和 Y_2 分别表示与 p_1 和 p_2 相对应的正态曲线的高度；

N 表示样本的总容量。

根据表中跳高达标的人数比率为 $p_1=(a+b)/N=14/45=0.311$，$q_1=1-p_1=1-0.311=0.689$。

跳远达标的人数比率为 $p_2=(a+c)/N=19/45=0.422$，$q_2=1-p_2=1-0.422=0.578$。

然后根据 p_1 和 p_2 分别于 0.5 之差，即 $0.5-0.311=0.189$，$0.5-0.422=0.078$，在正态曲线面积和纵线表 p 列中寻找与之最接近的值，其相对应的 $Y_1=0.35381$，$Y_2=0.39104$，将有关数据代入上式，则

$$Z = \frac{0.34}{\frac{1}{0.35381 \times 0.39104} \sqrt{\frac{0.311 \times 0.689 \times 0.422 \times 0.578}{45}}} = 1.38$$

（3）统计决断

由于实际计算出的 $|Z|=1.38<1.96=Z_{0.05}$，则 $p>0.05$，根据双侧 Z 检验决断规则，保留 H_0，而拒绝 H_1。其结论为：跳高与跳远的成绩从总体上说不存在相关。

表 4-2 相关系数检验统计决断规则

结论	与临界值比较	表示方法	符号
相关不显著	$\|r\|<r_{0.05}$	$p>0.05$	无
相关显著	$r_{0.05}<\|r\|<r_{0.01}$	$p<0.05$	*
相关高度显著	$r_{0.01}<\|r\|<r_{0.001}$	$p<0.01$	**
相关极高度显著	$\|r\|>r_{0.001}$	$p<0.001$	***

教学建议

1. 教师引导

（1）教师介绍基本概念及要点，举例说明关键步骤及方法。主要是教科研方法中涉及的抽样方法。

（2）教师引导与学员实践穿插进行：教师讲解并示范，对学员的操作给予指导，及时进行有针对性的点评指正。

2. 学生实践

（1）明确任务目标，根据例题进行练习，对案例进行分析。

（2）课下练习：将本组的教科研课题的问卷建立起文件。对本组的教科研课题的问卷结果进行分析。

3. 教师点评

引导大家交流，并进行点评，避免学员在学习过程中出现错误。

思考与练习

利用数据分析的结果，写出研究报告。

第五讲　SPSS 应用

课程目标

1. 了解 SPSS 软件的基本常识，包括软件的功能、特点、操作界面等；
2. 掌握运用 SPSS 实现数据的录入与数据管理；
3. 掌握数据的主要统计分析方法和操作步骤、结果使用；
4. 会对问卷进行统计分析，撰写调查报告。

第一节　SPSS 软件入门与数据录入

一、SPSS 软件入门

(一)SPSS 软件概述

SPSS 是 Statistical Product and Service Solutions 的英文缩写，即统计产品与服务解决方案。它是当今世界上公认和流行的综合统计分析软件。和 SAS(另一种统计分析软件)并称为当今最权威的两大统计软件。

SPSS 提供了功能强大的图形环境统计分析和数据管理系统，用户可以使用描述性菜单和简单的对话框进行大部分操作。大多数任务只要通过点击鼠标就可以完成。

SPSS 被广泛应用于经济管理、医疗卫生、自然科学等各个方面。目前，SPSS 软件使用已经成为许多大专院校统计学专业和财经类、管理类专业本科学生的必修课程。

在教育领域，首先，SPSS 被用来统计分析学生考试成绩，如数学学科错误率高的题型有哪些；其次，可被用来为教师改进教学提供更加科学客观的分析结果；最后，可以为学校科研、教研服务。

(二)SPSS 软件的基本特点

在我国，SPSS 以其强大的统计分析功能、方便的用户操作界面、良好的软件交互性、灵活的表格式分析报告及其精美的图形展现，受到了社会各界统计分析人员的喜爱。

1. 功能强大

①囊括了各种成熟的统计方法与模型，为统计分析用户提供了全方位的统计学算法，为各种研究提供了相应的统计学方法。如方差分析、回归分析、多元统计分析方法等，方法覆盖全面。

②提供了各种数据准备与数据整理技术。如利用值标签来快捷地录入数据，从而为数据审核与分析提供了便利条件。生成新的变量，对连续性变量进行离散性转换；将几个小类型合并为一个大类别等。利用 SPSS 强大的数据整理技术，可使数据结构、内容更易于分析。

③包括自由灵活的表格功能，制表简单直接。

④提供了各种常用的统计学图形，如条形、线图、饼图、直方图、散点图等多种图形，并且可以将表格图形直接拷贝到 Word 文档、幻灯片中，进行结果的展现。

2. 兼容性好

① 在数据方面，不仅可在 SPSS 中作数据录入工作，还可将日常工作中常用的 Excel 表格数据、文本格式数据导入 SPSS 中进行分析，不仅节省了相当大的工作量，并且避免了因拷贝粘贴可能引起的错误。

② 在结果方面，SPSS 的表格、图形结果可直接导出为 Word、文本、网页、Excel 格式等，也可以将表格、交互式图形作为对象选择性粘贴到 Word、PowerPoint 等中，并在其中再利用 SPSS 对它们进行编辑。

3. 易用性强

SPSS 是一种非常简单易用的软件。人机界面的友好，操作的简单，使得统计分析人员对它青睐不已。另外，SPSS 也向一些高级用户提供了编程功能，使分析工作变得更加节省时间和精力。

案例 1：

SPSS 应用举例——成绩分析（以初中某年级物理期中考试成绩为例）

描述统计量

	N	极小值	极大值	均值	标准差
物理成绩	91	55.00	99.00	86.0549	9.47319
有效的 N（列表状态）	91				

本次考试中全年级共有 91 名学生参加考试，学生物理成绩的平均分为 86.05(S＝9.47)分，其中，最低分为 55，最高分为 99。标准差较小，显示学生两极分化现象不太严重。学生成绩普遍较好。

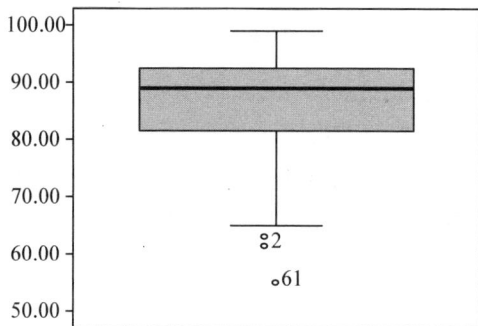

物理成绩

直方图

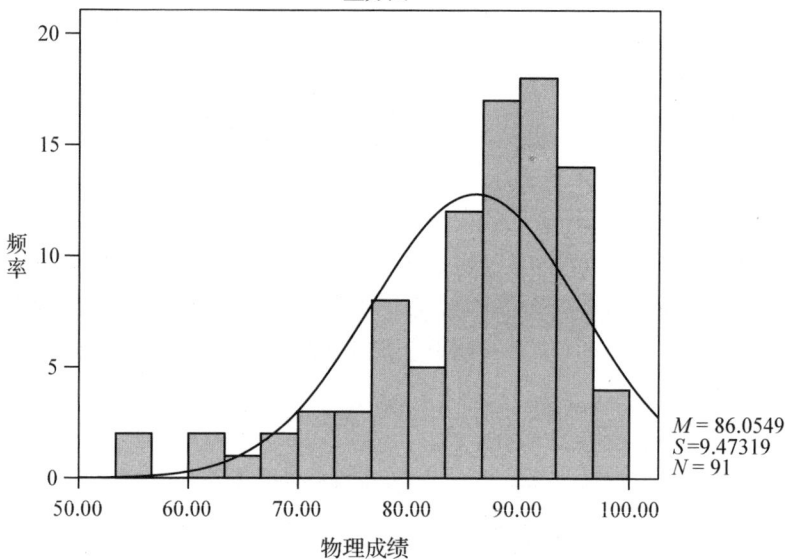

$M = 86.0549$
$S = 9.47319$
$N = 91$

物理成绩

通过箱图，我们可以进一步发现个别学生异常成绩情况，在该年级中，第 61 名和第 2 名学生的成绩异常，需要进一步做单独深入分析

从成绩分布直方图中可以看出，该年级学生物理成绩较好，其中 83~96 分的人数分布最多。属负偏态分布。

分数段

		频率	百分比	有效百分比	累计百分比
有效	85 分以上	64	70.3	70.3	70.3
	75～84.5 分	16	17.6	17.6	87.9
	60～74.5 分	9	9.9	9.9	97.8
	60 分以下	2	2.2	2.2	100.0
	合计	91	100.0		

分数段
统计量：有效百分比

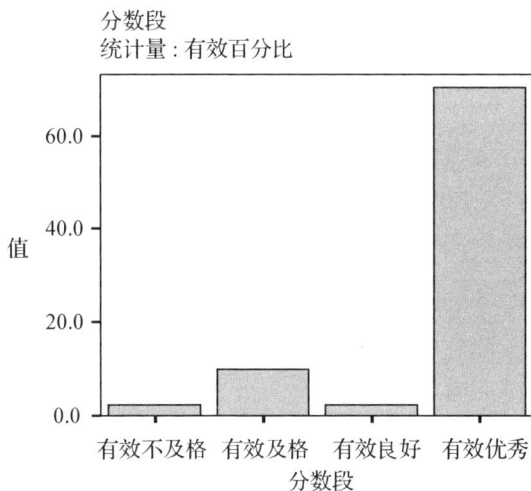

分数段分布：从分数段可以看出，该年级 70.3% 的学生物理成绩都在 85 分以上，物理成绩在 75～84.5 段学生的比例为 17.6%，成绩在 60～74.5 分段的学生比例为 9.9%，而 60 分以下的学生比例仅为 2.2%。

通过率：通过累积百分比还可以看出：该年级学生物理成绩的优秀率为 70.3%，及格率为 97.8%。

(三) SPSS 操作入门

SPSS 的文件系统包括 5 种类型的文件：Data(数据文件)、Syntax(语句文件)、Output(输出文件)、Draft Output(草稿输出文件)和 Script(程序编辑文件)。每种类型的文件在各自的窗口中通过各自的菜单、功能按钮实现自己的各项功能。对于使用 SPSS 的统计分析初级功能的用户来说，主要是用两种窗口，即数据窗口、输出窗口。

1. 数据窗口

如图 5-1 所示，数据编辑窗口最上方标有"未标题 1［数据集 0］－SPSS Statistics 数据编辑器"。窗口中有一个可扩展的平面二维表格，可以在此窗口中编辑数据文件。

表 5-1　数据窗口菜单项

菜单项	中文含义	包括的命令项
文件	文件操作	新建 5 种窗口，文件的打开、保存、另存，读取数据库数据、ASCII 码数据，显示数据文件信息、打印等功能
编辑	文件编辑	撤销/恢复、剪切、复制、粘贴、清除查找及定义系统参数
视图	窗口外观控制	状态栏、工具栏、表格线的显示或隐藏，字体设置、值标签/变量值显示切换
数据	数据文件建立与编辑	定义日期，插入变量、观测量，转置，对观测量定位、排序，对数据文件拆分、合并、汇总，选择观测量，对观测量加权，进行与显示正交试验设计等
转换	数据转换	计算新变量、随机数种子设置、计数、重编码、变量等级化、排秩，建立时间序列、重置缺失值等
分析	统计分析	概括描述、自定义表格、均值比较、一般线性模型(方差分析)、相关、回归、对数回归、聚类与判别、数据简化(因子、对应等)、标度、非参检验、时间序列、时间序列、生存分析、多响应变量的分析、缺失值分析
图形	统计图表的建立与编辑	统计图概览、交互作图方式、统计图即概览中所列的各种统计图的建立与编辑
实用程序	实用程序	变量列表、文件信息、定义与使用集合、自动到新观测量、运行脚本文件、菜单编辑器
窗口	窗口控制	所有窗口最小化、激活窗口列表
帮助	帮助	教程、案例学习、SPSS 主页、语句指南、统计学指导

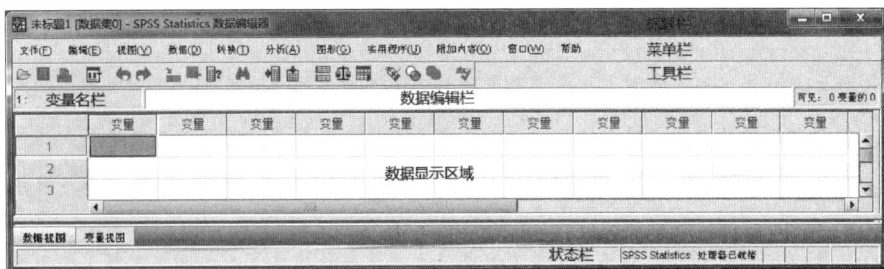

图 5-1　数据窗口

① 数据视图，如图 5-2(a)所示。进入 SPSS 主界面，窗口顶部"数据编辑器"可以看出，所处状态是数据编辑窗口。主界面左侧显示"数据视图"，该界面由若干行和列组成。最上面一行是变量，如编号、性别等。每一列就是某一变量的统计值(学时)，一行就是一个调查对象的信息。当没有输入任何数据时，为灰色的。

数据文件是一张长方形的二维表格。数据的范围由观测和变量的数目决定。

列：是变量，即每一列代表一个变量或一格被观测量的特征。例如，问卷上的每一项就是一个变量。

行：是观测，即每一行代表一个个体、一个观测、一个样品，在 SPSS 中称为一个事件。

(a)

(b)

图 5-2　数据编辑窗口的数据视图和变量视图

例如，问卷中有 20 道题，每一题就是一个变量，共 20 个变量；调查了 200 个对象，则有 200 个事件(case)，可列为 200(行)×20(列)的二维表格。

变量越多，观测的数量越多，表格越大。

② 变量视图，如图 5-2(b)所示。单击主界面左下角的"变量视图"即可进入。变量的属性设置都在变量视图中进行，而数据的录入工作则应当在数据视图中直接通过键盘完成。

2. 输出窗口

如图 5-3 所示，SPSS 输出窗口标题栏中标有"输出 1［文档 1］－SPSS Statistics 查看器"，按照 SPSS 默认设置，输出窗口在启动后不显示在屏幕的主画面上。

使用以下方法可以使输出窗口激活并显示在屏幕画面上：

① 当使用了分析菜单中的统计分析功能处理数据窗口中的数据产生输出信息时，输出窗口自动激活。如数据处理成功，则显示分析结果；如处理过程无法运行或发生错误，则在该窗口显示系统给出的错误信息。

② 在文件菜单中选择新建项，在二级菜单中选择输出项，一个输出窗口显示在屏幕上，可以同时打开几个输出窗口。

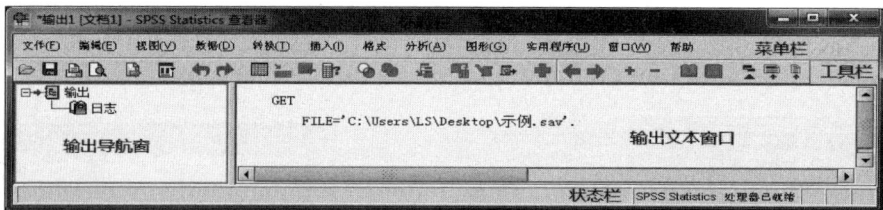

图 5-3　输出窗口

输出窗口可以打开的文件类型有：输出文件（＊.spo）、SPSS 语句文件（＊.sps），简化的输出文件（＊.rft），脚本文件（＊.sbs）。还有无格式的文本文件（＊.txt），文本文件和其他各类型文件只能在窗口中编辑。

SPSS 常用的两种格式的统计分析结果：表格、图形。

(四) SPSS 进行调查问卷统计分析的一般过程

数据编码—数据录入—数据变换 $\begin{cases} 描述统计 \\ 假设检验 \end{cases}$

1. 数据编码

单选、多选、排序、开放题四种，采取不同的编码方案。

2. 数据录入

(1)两种录入方式

直接录入或者外部导入。

(2)校验

简单频数分布，最大值、最小值等。

3. 数据变换

①插入个案；

②插入变量；

③计算：创建新变量(如计算总成绩，平均成绩，原始分转换为 T 分数等)；

④重新编码：(将分数转化为等级)。

4. 数据分析

(1)描述统计

频数分布：仅给出大概的分布；

描述统计：更精确的分布情况，如集中程度(均值、总和、众数、中位数)；离散程度(最大、最小值，全距，标准差、方差)；分布情况：是否对称，集中程度的高低(偏度，峰度—频率—图表〈正态曲线〉)。

交叉表分析：考察不同类别的群体的频数分布情况，如不同性别在某项问题上的选择比较。

(2)假设检验

①T 检验：针对连续变量最基本的推断检验方法。

②卡方检验：检验某无序分类变量各水平在两组或多组间的分布是否一致。

③相关分析：通过是量的指标描述事物之间的联系。

二、数据录入

数据录入是研究者利用 SPSS 进行统计分析的必要前提，这一工作实际上是把通过问卷调查获得的资料转变为 SPSS 能够识别的数据文件，为各种统计分析做准备。

用于分析的数据资料有两种，一种是原始资料，如调查问卷中的数据需要将它们录入进 SPSS 软件，建立数据文件；另一种是已经被录入为其他数据格式的资料，需要将其内容直接读入 SPSS 中。

在录入数据时，大致可归纳为"数据录入三部曲"：定义各变量名，即给每个指标起个名字；指定每个变量的各种属性，即对每个指标的一些统计特性做出指定；录入数据，即把每个被访者的各指标取值录入为电子格式。

数据格式原则：一个观测占一行，一个变量占一列。

(一)在数据编辑窗口定义变量

输入数据之前首先要定义变量。定义变量即要定义变量名、变量类型、变量长度(小数位数)、变量标签(或值标签)和变量的格式(显示宽度、对齐方式、缺失值标记等)、缺失值和测度方式。

定义变量的步骤如下。

1. 单击变量视图选项卡

使数据窗口置于定义变量状态，每行定义一个变量。

2. 定义变量名

光标置于名称列的空单元格中，单击单元格后输入变量名。如输入 sex 作为变量名。回车后在同一行各单元格中系统自动给出了变量的默认属性。

3. 变量的默认属性值

类型：变量类型，默认类型为数值型；宽度：变量长度，默认长度为 8 个英文字符宽；小数：小数位数，默认小数位数为 2；标签：变量标签，用户自定义；值：值标签，用户自定义；缺失：缺失值，用户自定义；列：列宽，变量在数据视图中所占列宽，默认为 8 个英文字符宽；对齐：对齐方式，默认右对齐；度量标准：测度方式，默认为度量。

如果认为默认的属性与要定义的变量属性不符，可以在同行各属性单元格中设置用户所需要的变量属性。

4. 定义变量类型与宽度

(1)定义变量类型

单击类型列的单元格，默认值数值旁出现删节号。单击删节号，展开变量类型对话框，如图 5-4 所示。定义变量类型对话框左半部列有 8 种可供选择的变量类型，自上而下排列的

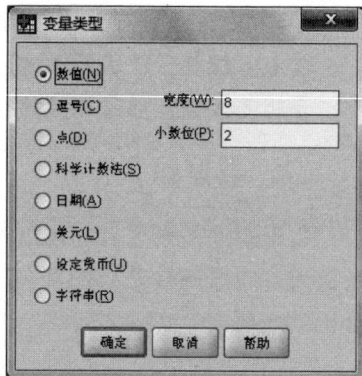

图 5-4　变量类型对话框

变量类型有：数值(标准数值型)、逗号(带逗点的数值型)、点(逗点做小数点的数值型)、科学计数法、日期、美元(带有美元符号的数值型)、设定货币、字符串(字符型)。

（2）定义变量宽度和小数位数

宽度栏中的数值是变量的总宽度，小数框中显示的是变量值的小数位数。

5. 定义变量标签

定义变量标签是为了注释变量名含义。在变量视图窗口中，双击标签相应的单元格，输入注释即可，要尽量简明。例如，定义了 sex 变量的宽度(栏位)为 1 的数值型变量，可以给出汉字标签，输入"性别"，作为变量的标签。

6. 定义与修改值标签

（1）定义值标签

单击值相应的单元格，该单元格右侧出现删节号，单击删节号打开值标签对话框，如图 5-5 所示。在第一个值框中输入变量值，在第二个标签框中输入对该值含义解释的标签。单击按钮"添加"，一个值标签就被加入到第三个框，即值标签清单中。

（2）修改值标签

要修改变量的值标签，在值标签对话框中执行如下步骤——选择操作对象：首先在值标签列表中选择要加以修改或删除的值标签表达式，单击后变量值和该值的标签分别显示在列表上方的两个输入框中；删除操作：单击加亮的"删除"按钮，被选定的值标签就从值标签列表中删除；修改操作：选择修改对象后，在两个输入框中的第一个矩形框中可以重新输入新的变量值，在第二个矩形框中可以输入新标签。

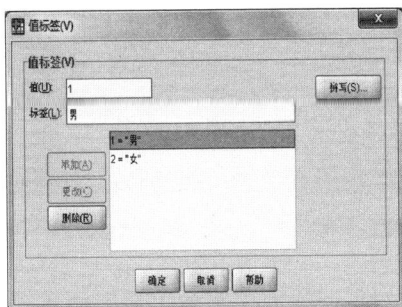

图 5-5　值标签对话框

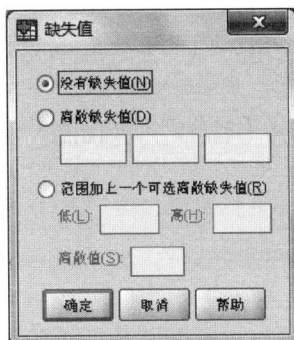

图 5-6　缺失值对话框

（3）标签赋值

一个值不能定义两个不同的标签；不同的值不能赋予相同的标签。

7. 定义用户缺失值

在变量视图窗口中，单击变量与缺失对应的单元格，然后单击右侧删节号，展开缺失值定义变量用户即是指对话框，如图 5-6 所示。先选择一种缺失值的类型，再进行具体定义。定义用户缺失值的类型有 4 种。

（1）没有缺失值选项

本项是系统默认状态，如果当前变量的值测试、记录完全正确，没有遗漏，可以选择此项。

（2）离散缺失值选项

选择这种方式定义缺失值，可以在下面的 3 个矩形框中输入 3 个可能出现在相应的变量中的缺失值，也可以少于三个，在进行统计分析时系统遇到这几个值，则作为缺失值处理。

（3）范围加上一个可选离散缺失值选项

该选项下面有低和高两个参数框。这种方式定义缺失值主要针对连续变量的值。指定某一范围的值如果出现在当前定义的变量值中，则被当作缺失值处理。在低参数框中输入缺失值的下限，在高参数框中输入缺失值的上限。多于 3 个缺失值的离散变量也可以用此方式定义用户缺失值。但要注意，在定义的缺失值中不能包括合法值。

（4）离散值

离散值是范围加上一个可选离散缺失值选项的一个附加选项，定义缺失值范围外的离散值。选择此项后，定义的缺失值除了低和高参数框内的数值外，还包括离散值中的一个值。

如果这三种定义缺失值的方法都不能把所有的非法制包括在内，则要在数据文件中查出数据进行修改。

8. 定义变量的显示格式

（1）定义显示用的列宽度

在变量视图窗口中，单击列相应的单元格，再单击出现的上下箭头按钮增加或减少列宽度值。

（2）定义显示时的对齐方式

在变量视图窗口中，与变量行对齐列相对应的单元格中显示的是默认的对齐方式。对数值型变量，系统默认右；对字符型变量，系统默认左。3 个可选择的对齐方式：左、右、居中。

9. 定义变量测度类型

在变量视图窗口中，与变量行度量标准列队相应的单元格中显示的是默认的变量测度方式度量。如果要改变默认的测度方式，单击度量标准列相应的单元格，在下拉列表中有 3 个可选的类型。

（1）度量选项，定距型数据

对等间隔测度的变量或者表示比值的变量选择此项。

（2）有序选项，定序型数据

对其值表示顺序的变量选择此项，可以是数值型变量，也可以是字符型变量。

（3）名义选项，定类型数据

对标称变量选择此项，是分类变量的一种，可以是数值型变量，也可以是字符型变量。

10. 关于默认值

① 字符串（字母数字）变量默认类型为名义，即标称变量。

② 带有值标签的数值型变量默认类型为有序，即有序变量。

③ 没有定义值标签的数值型变量，但数值的个数少于指定的数量被设置成有序。

④ 没有定义值标签的数值型变量，但数值的个数多于指定的数量被设置成度量，即等间隔测度的变量。

11. 确认全部定义属性

经过上述操作，定义完一个变量的属性参数，可以重复上述操作，定义其他变量属性参数。如果对定义的属性满意，则按数据视图选项卡，转移到数据观察窗口，输入数据。

输入数据的操作方法是多种多样的，可以定义一个变量就输入这一个变量值（纵向进行），也可以定义完所有变量后，按观测量来输入（横向进行）。数据观察编辑窗口的二维表格的中顶部标有变量名，左侧标有观测量序号。一个变量名和一个观测量序号就指定了唯一的一个单元格。

(二)在数据编辑窗口输入数据

1. 输入数据

十字形鼠标光标单击选中的单元格，该单元格被激活。二维表格的上方左侧显示被激活的单元格所属的观测量序号和变量名。在单元格中输入的数据显示在右侧的数据输入区。输入后回车或按向下键移动光标，输入同列下一个单元格数据。按 Tab 键，激活右面一个单元格，输入同行右侧单元格中的数据。

2. 显示值标签

按下 图标按钮，使它变成被按下的状态。当输入一个变量时，在单元格中单击向下箭头，在下拉列表中选择一个定义过的值标签。在非输入状态，只要按下该图标按钮，所有值标签的变量均显示值标签。图 5-7 为变量单位类型显示值标签时的状态。

图 5-7　显示值标签

数据录入操作实训

例题：假如做一项问卷统计，选取以下几个问题，如何建立这样一个数据文件呢？

1. 性别　　A. 男　　　　B. 女

2. 职称　　A. 中教特级　B. 中教高级　C. 中教一级　D. 中教二级

3. 你每天上网的小时数：＿＿＿小时

4. 一般您在晚饭后做什么？（可多选）

A. 看电视　B. 睡觉　C. 轻微活动　D. 打牌　E. 散步　F. 其他

5. 按照您的习惯选择 3 个饭后的主要活动，并按经常性排列顺序：

如最经常的是晚饭后看电视，其次是散步，有时打打牌，您应该在看电视前填写①，在散步前填写②，在打牌前填写③。

○看电视　○睡觉　○轻微活动　○打牌　○散步　○其他（如看电影、跳舞、加班、应酬等）

(三)实例分析及录入讲解

上述列举的 5 个题比较典型，其实是三种不同的类型，单选题(1、2)，多选题(4、5)和开放题(3)。下面分别加以介绍。

1. 开放题的录入

如第 3 题：你每天上网的小时数：____小时

第一步：定义变量。

在变量名处用中文输入"上网时间"，

原则：若默认值可以满足，则不必修改；如不能满足需要，进行自己设置。

类型为数值型，变量值宽度默认为 8 个英文字符以内，小数位数为 0 或 1（位数要与宽度相匹配）；

其他默认也可根据自己的习惯设定(列宽不可以太小，否则名称显示不够)。

另外，有些开放题的答案可能是一个句子或一段话，就要改变宽度，因为默认的 8 个英文字符的宽度只能存放 4 个汉字，根据变量可能出现的最大字符长度来确定宽度(最大不超过 256 个字符)。

切换到数据视图，出现了变量"上网时间"，其他未定义变量还是浅色的。

2. 单选题的录入方法

定义变量：数值代码＋值标签。

性别：在 name 处用中文输入"性别"，选择数值型(Numeric)，其他采用默认值。同样需要定义值标签。定义方法一致，但显示有所区别。

在两行的 Value 后面分别输入 1，男。

值：1。

值标签：男。

点击"添加"则，在下面出现　1.00＝"男"；

再继续输入 2，女。

点击"添加"则，在下面出现　2.00＝"女"；

点击"确定"，就结束了。

> 练习：对职称进行输入(采用数值代码＋值标签)。
>
> 2. 职称　　A. 中教特级　B. 中教高级　　C. 中教一级　　D. 中教二级

3. 多选题录入

例题 4 和例题 5，与以往的不同，一般的问题有一个并且只有一个确定的值。在当前社会实践活动中存在大量这样的变量，对于一个确定的观测对象，该变量有几个值与之对应。例如，当问你喜欢什么颜色时，你可能既喜欢红色，也喜欢蓝色和绿色。如果让你按喜欢程度排一下顺序时，你的答案是：红色第一；蓝色第二；绿色第三。这就构成对一个问题(变量)的多个选择(响应)，这种问题称作多项选择题。下面介绍具体的录入方法。

(四)多项选择题的处理方法

1. 多响应变量的分类及其编码

多响应变量的分类取决于对问题的设计和对数据的整理及其数据文件的建立，对多响应变量的统计可以归纳为两种方法：二分法和分类法。

(1)多响应变量二分法及其编码

多响应在 SPSS 命令菜单中被称为 Multiple Dichotomy Method，这种二分法只用于笼统的多选项中(即笼统地让被访者任选几项)。下面举例说明：

4. 一般您在晚饭后做什么？(可多选)

A. 看电视 B. 睡觉 C. 轻微活动 D. 打牌 E. 散步 F. 其他

对于类似上例的问题，笼统地要求"任选几项"，这意味着每人每次可以选择 1 项、2 项、3 项等。又因为供选答案一共有 6 项，所以每人每次最多可能选 6 项。在这种情况下，只好把每一个选择条件作为一个变量来定义，本例一共有 6 种可能的饭后活动故可定义为 6 个变量，每个变量只有 0 或 1 两种选择，0 为不选，1 为选，编码法见表 5-2。

这样的问题设计的优点是每一个回答者对每一个变量值均可以表达他(她)的态度。问题明确，回答时可以很少考虑，答题迅速，答题的要求容易被接受。

若某人同时选择"1－看电视"和"2－睡觉"，则 $v101 = 1$，$v102 = 1$，$v103 = 0$，$v104 = 0$，$v105 = 0$，$v106 = 0$；最终编码为 110000。

若某人同时选择"1－看电视""3－轻微活动""5－散步""6－其他"，则 $v101 = 1$，$v102 = 0$，$v103 = 1$，$v104 = 0$，$v105 = 1$，$v106 = 1$；最终编码为 101011。

表 5-2　多响应二分法的编码方案

变量名	变量标签	编 码 方 案	
v101	看电视	0－不选	1－选
v102	睡觉	0－不选	1－选
v103	轻微活动	0－不选	1－选
v104	打牌	0－不选	1－选
v105	散步	0－不选	1－选
v106	其他	0－不选	1－选

（2）多响应变量分类法及其编码

多响应分类法在 SPSS 命令菜单中被称为 Multiple Category Method。为此首先需要估算问卷中一个问题可被选择的最多答案，并给每个答案建立一个新变量。然后，给每个新变量编码，每种活动用一个代码表示。问题实例如下：

5. 按照您的习惯选择 3 个饭后的主要活动，并按经常性排列顺序：

如最经常的是晚饭后看电视，其次是散步，有时打打牌，您应该在看电视前填写①，在散步前填写②，在打牌前填写③。

○看电视　○睡觉　○轻微活动　○打牌　○散步　○其他（如看电影、跳舞、加班、应酬等）

观察上题，要从 6 个选项中一次选择 3 种活动，且最多只能选 3 个答案，因此需要定义 3 个变量，见表 5-3；每个变量最多有"从看电视到其他"共 6 个代码供选择。

表 5-3　多响应分类法的编码方案

变量名	变量标签	编码方案
vv1	第一选择	1－看电视　2－睡觉　3－轻微活动　4－打牌　5－散步　6－其他
vv2	第二选择	1－看电视　2－睡觉　3－轻微活动　4－打牌　5－散步　6－其他
vv3	第三选择	1－看电视　2－睡觉　3－轻微活动　4－打牌　5－散步　6－其他

若某人同时选择"1－看电视"和"2－睡觉"，则 vv1＝1，vv2＝2，vv3＝0（0 定义为缺失）；最终编码为 120。

若某人同时选择"2－睡觉""1－看电视"和"3－轻微活动"，则 vv1＝2，vv2＝1，vv3＝3；最终编码为 213。

2. 多响应变量集的设置

定义多响应变量集是对多项选择题进行分析的必要步骤，必须把一组反映同一问题的多个答案变量组合在一个变量集中，方法如下：

第一步，按"分析 → 多重响应 → 定义变量集"顺序单击各菜单项，最后打开"定义多响应集"对话框。

第二步，在"设置定义"栏里选择同属于一个问题的多个答案变量，通过向右箭头按钮送入"集合中的变量"栏内。

第三步，在"将变量编码为"栏内定义这组变量的编码方式。

① "二分法"选项，二分变量的计数值。如果所选择的变量是回答"是""否"的题目，选择此项。并在其后的编辑栏内输入想进行计数的答案代码。如表 5-2 的编码方案，要对被访者选择的晚饭后活动进行计数，而在编码方案中对每个问题"选"的使用代码为 1，则在编辑栏内输入 1，如图 5-8 所示。

② "类别"选项，分类变量。如果所选择的每一个变量的回答是表示赞同顺序的数字，应该选此项，并在其后的两个编辑栏内输入考虑分析的变量的取值范围，及值的起始范围。如表 5-3 的编码方案，被访者被要求在 6 个选项中最多选 3 项并排序，则在编辑栏内输入 1 和 6，如图 5-9 所示。

第四步，在"名称"栏中为变量集命名。

第五步，在"标签"栏内输入命名变量的标签。

第六步，单击"添加"按钮将定义好的变量名及其标签送入右面的"多响应集"栏内，该栏在命名的多响应变量集前自动添加"＄"以区别于一般变量。

第七步，反复上述操作，定义多个多响应变量集。单击"关闭"按钮结束。使用以上功能菜单和上述方法定义的多响应变量集，只能在"多重响应"的二级菜单的各项中使用。按上述的方法定义的多响应变量集可以进行频数分布分析和交叉表分析（详细的分析方法将会在第二节介绍）。

图 5-8　定义多相应二分变量集对话框　　图 5-9　定义多相应分类变量集对话框

第二节　基本统计分析

统计分析的目的是研究总体特征。但是，由于各种各样的原因，研究者能够得到的往往是从样本中随机抽取的一部分观察对象，它们构成了样本。只有通过对样本的研究，才能对总体的实际情况做出可能的推断。因此，在收集数据、整理完毕后，进行深入分析之前，首要的工作就是去了解这个数据的整体情况，随后才能考虑进行深入的推断。

用少量的数字(即描述指标)概括大量原始数字，对数据进行描述的统计方法即为描述性统计分析。所谓描述性统计分析，是针对统计学的另一大类——推断统计分析而言的，后者是指从样本信息来推断总体的特征。

一、描述统计

前面介绍了根据其测量类型可分为：名义变量(名义变量，或称作定类变量)、有序变量(定序变量)和度量变量(尺度变量)。根据数据是否连续，前面两个变量的特点是不连续的、离散的，属于分类变量；后者是连续变化的，属于连续变量。变量不同，所用的描述指标体系和统计图形与之对应。

描述统计，即通过对实验或调查所获得的数据的整理、制表、绘图，计算各种代表量，如集中量(如平均数)、差异量(如标准差)、相关量(如相关系数)等，将大量零散的、杂乱无章的资料简缩、概括，使其分布特征清晰明确地显现出来。

(一)集中趋势的描述指标

集中量是代表一组数据典型水平或集中趋势的量。它能反映频数分布中大量数据向某一点集中的情况。常用的集中量有：算术平均数、中位数、众数。如图 5-10 所示。

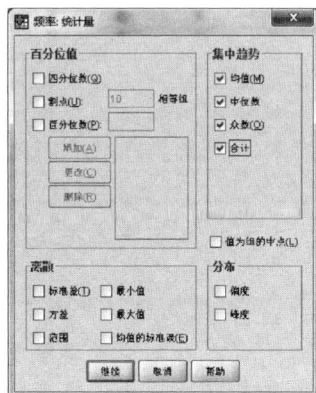

图 5-10　定义集中趋势值对话框　　图 5-11　定义离散程度值对话框

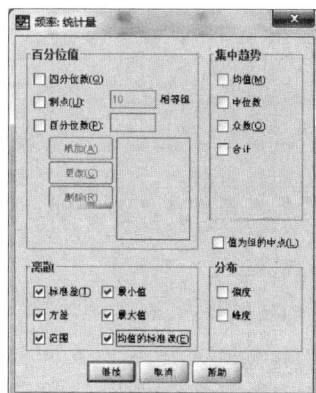

(二)离散趋势的描述指标

用集中量还不能全面说明一组数据的全貌，还要有一类能表示一组数据离散程度的统计值。这类统计值称为差异量。表示一组数据变异程度或离散程度的量叫作差异量。差异量的作用：第一，可以代表数据的差异情况，即离散情况。第二，它可以说明集中量的代表性的程度。差异量越小，说明数据的集中程度越高，集中量的代表性越好，反之亦然。所以，要了解一组数据的全貌，必须同时计算集中量和差异量。

常用的差异量有：全距、平均差、方差、标准差。如图 5-11 所示。

二、应用举例

(一)使用频率统计输出频数表

变量按照是否连续分为连续变量和离散变量。其中表示分类情况的离散变量又称分类变量。分类变量又分为有序变量和名义变量，二者在统计描述上没什么区别，放在一起讲解。

相对于连续变量而言，分类变量的统计描述体系非常简单。由于不能进行四则运算，因此对变量中包含的几个类型(调查中的选项)进行各自频数的统计以及它们在所有类型中所占的比例，就变得非常重要了。

本例所用的数据为 2010 年北京市中小学校级干部培训效果及培训需求数据。变量：年龄。要求了解校长年龄的频数分布。

①读取数据文件，按"分析 → 描述统计 → 频率"顺序打开主对话框，选择年龄变量进入变量框中，选中显示频率表格，要求显示频数分布表。

②单击统计量按钮，打开相应对话框，选百分位值栏中的四分位数。选择分布栏中的偏度和峰度，以便检验数据的正态性。

③单击图表按钮，打开图表对话框，选择直方图和带正态曲线。

④在主对话框中，单击确定按钮，提交运行。

部分输出结果与分析见下。

表 5-4 为不同年龄人员的统计量。变量年龄的偏度统计量为 0.350，说明变量年龄左偏，有一个较长的右尾；变量年龄的峰度值为负，低于标准正态峰。

图 5-12 为年龄变量带有正态曲线的直方图，从图中可以比较明显地看到数据的分布与标准正态分布存在差异，这与偏度、峰度值的结果一致。与正态分布相比有一个较长的右尾和一个较低的峰。

表 5-4 不同年龄人员的统计表

N	有效	396
	缺失	18
偏度		.350
偏度的标准误		.123
峰度		−.803
峰度的标准误		.245
百分位数	25	41.00
	50	44.00
	75	51.75

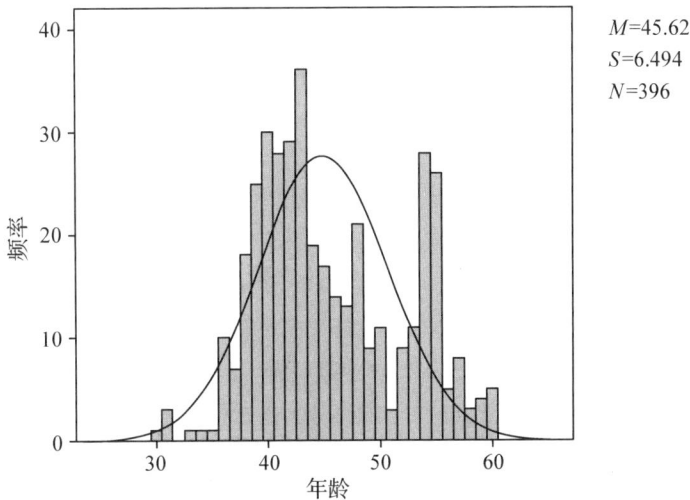

图 5-12 年龄变量的直方图

(二) 描述统计分析实例

要求对上述数据中的员工人数、班级数、学生数三个变量进行描述统计分析。

①打开数据文件，按"分析 → 描述统计 → 描述"顺序打开对话框。

②选择员工人数、班级数、学生数变量送入变量栏中。

③选中将标准化得分另存为变量要求计算变量的标准化值，并保存在当前

数据文件中。

④单击选项按钮,打开对话框。选中均值、合计、标准差、最小值、最大值、范围等描述统计量。

⑤在主对话框中单击确定按钮,提交运算。

输出结果见表5-5,从左至右分别为变量名称、观测量的频数、全距、极小值、极大值、和、均值以及标准差。

表5-5 员工人数、班级数、学生数的描述统计量

	N	全距	极小值	极大值	和	均值	标准差
员工人数	389	564	1	565	54077	139.02	114.652
班级数	380	720	0	720	16312	42.93	47.191
学生数	379	6500	0	6500	575476	1518.41	1311.721
有效的 N(列表状态)	375						

(三)使用交叉表输出列联表

频数可以描述一个分量的数值分布情况,但是研究者往往希望对两个甚至多个分类变量的频数分布进行联合观察,如希望考察不同血型在各民族之间的频数分布,甚至构成状况比如何。此时就需要将这些分类变量的类别交叉起来,分别统计各类别组合下的频数大小。当一共有两个分类变量时,这种因分类变量的交叉而形成的复合频数表被称为行×列表,也称为交叉表(或列联表)。

在多个分类变量的联合分析中,交叉表提供了清楚明白的分析结果,非常直观,容易进行比较。在一般的调查报告中,经常看到作者应用交叉表进行变量的交叉分析,它也是调查报告中显示分析结果的主要方式之一。

例如,要求分析不同性别的校长的管理风格差异。

①打开数据文件,按"分析 → 描述统计 → 交叉表"顺序打开对话框。

②选择管理风格变量送入行变量栏中;选择性别变量送入列变量栏中。

③选中显示复式条形图,要求生成图表。

④单击单元格按钮,打开对话框。选中计数栏中的观察值,百分比栏中的行。

⑤在主对话框中单击确定按钮,提交运算。

输出结果见表5-6和图5-13所示。

表 5-6　管理风格 * 性别交叉列表

			性别		合计
			男	女	
管理风格	我来决定，你们去做	计数	0	3	3
		管理风格中的%	.0	100.0	100.0
	我来决定，我们来做	计数	14	19	33
		管理风格中的%	42.4	57.6	100.0
	我们决定，我们来做	计数	122	220	342
		管理风格中的%	35.7	64.3	100.0
	我们决定，你们去做	计数	8	7	15
		管理风格中的%	53.3	46.7	100.0
	你们决定，你们去做	计数	2	1	3
		管理风格中的%	66.7	33.3	100.0
	其他	计数	5	6	11
		管理风格中的%	45.5	54.5	100.0
合计		计数	151	256	407
		管理风格中的%	37.1	62.9	100.0

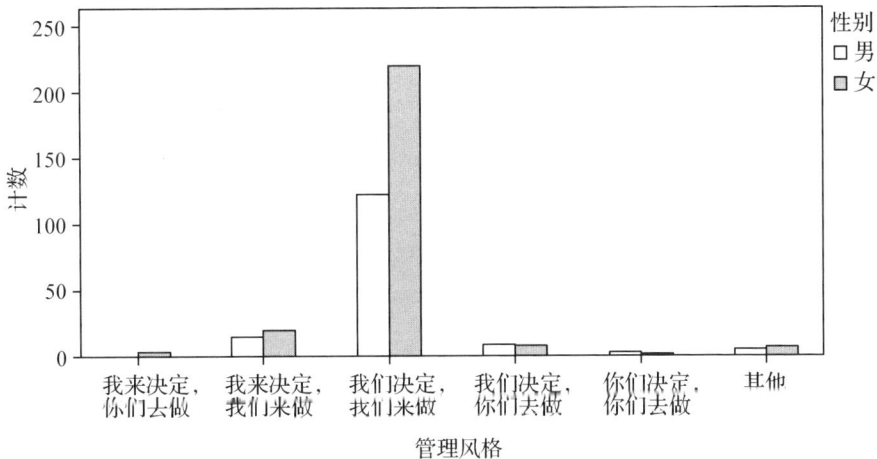

图 5-13　复式条形图

(四)多选题的统计描述

1. 多选题的频数列表

1. 您认为自己急需哪些知识，请按重要程度选出 3 项并排序。

A. 政策性知识　　　B. 党建、党务工作知识　　C. 教育教学理论知识

D. 管理理论知识　　E. 文化修养知识　　　　　F. 学校办学、管理经验

G. 其他(请注明)

顺序	第1位	第2位	第3位
选项序号			

首先建立多选题集，然后才能分析。对上述3个变量建立的多响应集为知识，具体建立过程请参阅前面相关内容。

操作步骤：

按照分析—多重响应—频率的步骤，打开多响应频率对话框。在左侧多响应设置中的多响应集($zs知识)导入右侧表格栏中，点击确定。

表5-7　知识变量集的频率分析

		响应		个案百分比
		N	百分比(%)	(%)
知识[a]	政策性知识	217	17.7	52.8
	党建、党务工作知识	92	7.5	22.4
	教育教学理论知识	204	16.7	49.6
	管理理论知识	261	21.3	63.5
	文化修养知识	139	11.4	33.8
	学校办学、管理经验	303	24.8	73.7
	其他	7	6	1.7
总计		1223	100.0	297.6

注：a. 组

2. 多选题的列联分析

如果希望对不同人群分别描述，即将多选题集和其他分类变量进行交叉描述。例如，在本例中希望对性别进行考察，则按照分析—多重响应—交叉表，进入多响应交叉表。在上侧栏行导入变量性别，点击最下侧"定义全距"按钮，在下一个对话框中输入最小值1，最大值2，点击"继续"；然后将多响应设置中的多响应集导入列，右下侧选项，进入选项对话框，可以自行选择单元格百分比、行、列、总计，点击继续，确定。

输出结果：

表 5-8　性别与知识变量集的交叉列表

			知识[a]							总计
			政策性知识	党建、党务工作知识	教育教学理论知识	管理理论知识	文化修养知识	学校办学、管理经验	其他	
性别	男	计数	83	32	72	92	57	114	3	152
		性别内的％	54.62	21.12	47.42	60.52	37.52	75.02	2.02	
		＄zs 内的％	38.62	35.22	35.52	35.42	41.02	37.72	42.92	
		总计的％	20.32	7.82	17.62	22.52	13.92	27.92	72	37.22
	女	计数	132	59	131	168	82	188	4	257
		性别内的％	51.42	23.02	51.02	65.42	31.92	73.22	1.62	
		＄zs 内的％	61.42	64.82	64.52	64.42	59.02	62.32	57.12	
		总计的％	32.32	14.42	32.02	41.12	20.02	46.02	1.02	62.82
总数		计数	215	91	203	260	139	302	7	409
		总计的％	52.62	22.22	49.62	63.62	34.02	73.82	1.72	100.02

注：百分比和总计以响应者为基础；a. 组。

（五）T 检验

在针对连续变量的统计推断方法中，最常用的有 T 检验和方差分析两种，其中 T 检验是最基本的检验方法。T 检验分为三种类型：单个样本的 T 检验、独立样本的 T 检验和配对样本的 T 检验。关于 T 检验的原理基础知识，请参照相关教育统计学资料。

1. 单个样本的 T 检验

例如，检验教育系统干部的平均年龄是否为 38 岁。

该检验的意义在于确定能否用 38 岁来代表教育系统干部的平均年龄，换句话说，教育系统干部的平均年龄与 38 岁之间是否存在本质的区别。

操作步骤：分析→比较均值→单样本的 T 检验，打开单样本 T 检验对话框，将左侧变量列表中的"年龄"导入右侧检验变量，在下方检验值中输入数值"38"，确定。结果显示为：

表 5-9　单样本 T 检验结果

单个样本统计量

年龄	N	M	S	均值的标准误
	57	37.56	6.302	.835

单个样本检验

	检验值＝38					
	t	df	Sig.（双侧）	S^2	差分的 95％置信区间	
					下限	上限
年龄	$-.525$	56	.601	$-.439$	-2.11	1.23

结果解读：

t：t 值的绝对值<1.96，即 $|t|<0.05$，$p>0.05$，所以差异不显著（H_0：平均年龄为 38 岁，H_1：平均年龄不是 38 岁）

df：自由度 $N-1$

sig.（双侧）：0.061 为 p 值，与 0.05 比较，$p>0.05$，则说明零假设成立的概率很大（小于 0.05 为小概率事件），所以维持零假设。

平均数的 95％的置信区间：

$38-2.11<x<38+1.23$

下限为 $38-2.11=35.89$，上限为 $38+1.23=39.23$。

因为样本的平均年龄为 37.56，所以与 38 岁差异不显著。

2. 独立样本 T 检验

检验两个不相关的样本是否来自具有相同均值的总体，即两组数据平均数差异检验。

例如，检验不同性别的校长在压抑郁闷程度上是否存在差异。

操作步骤：分析→比较均值→独立样本的 T 检验，打开独立样本 T 检验对话框，将左侧变量列表中的"压抑郁闷"导入右侧检验变量，将左侧变量列表中的"性别"导入右侧分组变量，点击定义组，组 1 中输入"1"代表男性，组 2 中输入"2"代表女性，确定。结果显示见表 5-10。

表 5-10　独立样本 T 检验结果

组统计量

	性别	N	M	S	均值的标准误
压抑郁闷	男	151	2.53	.847	.069
	女	254	2.54	.720	.045

独立样本检验

		方差方程的 Levene 检验		均值方程的 t 检验						
									差分的 95% 置信区间	
		F	Sig.	t	df	Sig.（双侧）	均值差值	标准误差值	下限	上限
压抑郁闷	假设方差相等	6.471	.011	−1.121	403	.904	−.010	.079	−.165	.146
	假设方差不相等			−.116	276.275	.908	−.010	.082	−.172	.153

(六)卡方检验

卡方检验用于检验分类变量。例如，不同性别的校长的管理风格是否存在差异？

操作步骤：

①打开数据文件，按"分析 → 描述统计 → 交叉表"顺序打开对话框。

②选择管理风格变量送入行变量栏中；选择性别变量送入列变量栏中。

③单击统计量按钮，打开对话框。选中卡方。

④在主对话框中单击确定按钮，提交运算。

结果显示见表 5-11。

表 5-11　卡方检验结果

	值	df	渐进 Sig.（双侧）
Pearson 卡方	5.616[a]	5	.345
似然比	6.499	5	.261
线性和线性组合	1.386	1	.239
有效案例中的 N	407		

注：a.5 单元格(41.7%)的期望计数少于 5。最小期望计数为 1.11。

(七)相关分析

例如，校长的年龄与管理水平之间是否存在相关？

操作步骤：

①打开数据文件，按"分析 → 相关 → 双变量"顺序打开对话框。

②选择年龄、管理水平变量送入变量栏中。

③在主对话框中单击确定按钮，提交运算。

结果显示见表 5-12。

表 5-12 相关性检验结果

		年龄	管理水平
年龄	Pearson 相关性	1	.015
	显著性（双侧）		.767
	N	396	379
管理水平	Pearson 相关性	.015	1
	显著性（双侧）	.767	
	N	379	396

第三节 撰写调查报告

调查报告应包含以下三方面内容。

①方案设计：阐述设计目的，并注明进行问卷调查的时间。

②数据整理：记录调查对象数，问卷发放数，回收数，以及问卷有效、无效数。

③数据分析：呈现 SPSS 分析生产的报表，并结合数据进行分析。

问卷统计分析实例（截选自《海淀区中小学总务主任队伍现状的调查研究》结题报告）：

［调查内容及结果］

本次调查主要从海淀区中小学总务主任的性别特征、年龄结构、学历构成、政治面貌、专业知识、工作经历、担任总务主任时间等基本情况和关于专业成长与培训、岗位认同与困惑这两大方面中的核心问题入手进行调查研究。

本次抽样调查问卷共收回有效问卷 112 份。参加调查的人员中，男性 90

人，占统计总数的 80.4％。女性 22 人，占 19.6％。由于总务主任工作性质的原因，男性比例明显高于女性，这是在中小学干部群体中唯一男性多于女性而且男性数量占据明显优势的。

[职务及任职年限]

从事总务管理的干部共计 112 人，其中副校长 7 人(6.3％)、主任 75 人(67％)、副主任 23 人(20.5％)，教师 7 人(6.3％)。

中小学总务主任基本情况统计

		频率	百分比(％)	有效百分比(％)	累积百分比(％)
有效	教师	7	6.3	6.3	6.3
	副主任	23	20.5	20.5	26.8
	主任	75	67.0	67.0	93.8
	副校长	7	6.3	6.3	100.0
	合计	112	100.0	100.0	

从事总务管理工作年限，1 年的有 20 人，占 17.9％；2～3 年的 19 人，占 17％；3 年以下的合计占 34.9％；4～5 年的占 9.8％；6 年(含)至 10 年(含)的 32 人，占 28.6％；10 年以上的 30 人，占 26.6％。

[分析和结论]

1. 总体情况

从以上有关总务干部基本情况的调查信息中我们可以看出，海淀区总务干部队伍具有如下特点：

(1)党员比例较高，政治素质比较好

海淀区总务干部中共党员的比例达到 74.1％。为教育战线的管理者，思想政治素质是重要的素质，是全面贯彻党的教育方针，坚持社会主义教育方向的保障。党员干部比例高，保证了队伍的整体政治素质水平。对发挥党组织培养作用，加强干部队伍建设，创造了有利条件。

(2)性别差异显著

性别比例男性明显多于女性，男性占统计总数的 80.4％，女性占 19.6％。性别比例严重失衡。从性别的明显差异上，可以反映出总务管理岗位自身工作存在的显著特点，这也是在加强这支队伍建设中需要更多关注与研究的。

2. 亟待改进的问题

(1)自身认知方面；

(2)在总务管理模式上，各校总务后勤管理模式多样，不利于集中管理；

(3)学校规模大，增加了管理难度；

(4)总务主任兼职多，不利于专业化发展。

教学建议

1. 教师课前准备

(1)培训环境准备：场地要求——电脑机房；

(2)资料预备：教材、记录纸、SPSS STATISTICS V17.0 安装程序，熟悉电脑机房设备使用；

(3)培训案例准备：预览学员设计的问卷，作为案例使用。

2. 教学原则

(1)教师讲授与教材阅读相结合；

(2)个人实战训练与小组合作学习相结合。

思考与练习

课题研究小组对问卷进行统计分析，形成调查报告。

第六讲　课题研究成果表述及评价

课程目标

1. 了解中小学课题研究成果表述的一般概念；
2. 了解中小学课题研究成果的主要表述形式；
3. 分析教育研究论文和教育研究调查报告的区别；
4. 撰写教育研究论文或教育研究调查报告；
5. 课题研究成果的评价。

第一节　课题研究成果表述

一、课题研究成果表述的一般概念

(一)课题研究成果的定义

通过对教育理论和教育实践中的某一问题进行专题的、系统的研究，解决实际问题并揭示教育现象的因果关系，探讨教育规律和获得理论认识的活动。

(二)课题研究成果表述的主要意义

课题成果表述的过程，是深入研究的重要环节，有利于提高研究的科学化水平，有助于提高研究者的分析综合能力、逻辑思维能力和表达能力。

课题研究成果的呈现，有利于同行间的学习交流，也有利于学术交流与合作。

课题研究成果的质量和数量在一定意义上体现学校和个人的学术水平与专业化程度。

(三)课题研究成果表述的主要类别

课题研究成果表述，主要有研究论文、经验总结、调查报告、研究报告等。随着教育的发展，科技的进步，课题研究成果表述类别不断丰富，出现了新的形式，如案例、计算机软件、音像制品等。中小学教师的课题研究成果表述大多采用研究报告、研究论文和在研究基础上的经验总结。以研究报告为例，研究报告是对课题进行研究后写出的书面报告。研究报告除了具有教育科研论文的一般特征外，还具有以下三个突出特点：一是体现研究的过程和客观的调查，研究报告必须以客观实际的调查研究为基础。二是理性的分析，研究报告不能只罗列一大堆事实或数据，而要对调查得来的事实、数据予以理性的分析，理性的分析贯穿于研究与撰写报告的全过程。三是教育研究报告要体现其规律性、前瞻性和思想性，要学习和吸收教育的新理论、新方法，适应教育发展的新趋势，体现时代特征。再有教师们常写的经验总结式的文章，是把教学经验系统化，并从一定的理论高度对教学经验进行分析而成的一种教育科研论文。经验总结不同于一般的工作总结，它不属于应用文范畴，而属于论说文范畴，必须具有理论性特征。这种理论性特征主要表现在：必须有一个中心论点；列举的事实必须为说明论点服务；在列举事实的基础上要适当展开议论，说清道理。

二、撰写教育研究论文(研究报告)的一般步骤

教育研究论文是科学研究工作全过程的缩影，是研究成果的集中体现。撰写论文是一项有计划、有步骤的活动，其中包括：编写提纲、撰写初稿、推敲改稿、润色定稿几个步骤。撰写教育研究论文的基本要求：在科学性的基础上创新；观点和材料的一致性；在独立思考的基础上借鉴吸收；语言文字精练简洁，表达要准确完整。

(一)编写提纲

写作提纲是论文的"骨架"，是作者对论文的设计图。写作提纲分为条目提纲和观点提纲两类。条目提纲就是从层次上列出论文的目录，观点提纲是在此基础上列出各部分要叙述的观点。编写提纲的过程，实际上是理清思路的过程。

(二)撰写初稿

依据写作提纲，按照论文撰写的格式要求撰写初稿。撰写论文，既要懂得论文的一般结构，但又不能机械地照搬。一篇论文只要能够达到结构完整、层次分明、逻辑合理、条理清楚的要求，在写作结构形式上是可以有所不同的。

(三)推敲改稿

论文初稿写出来后，要进行反复推敲，不断修改。特别是引用统计数字的研究报告，一定要反复核对，以保证论文的科学性和准确性。修改时，不但要

对文章的内容进行核实、补充或删改，必要时还可以对文章的结构进行适当的调整，在文字上进行认真的加工。在这个阶段，可以请同行或专家进行指导，提出修改意见或建议。

(四)润色定稿

论文经过反复修改后，最终达到比较成熟的程度，形成定稿。

三、撰写教育研究论文(报告)基本的格式要求

(一)第一部分：题目、作者、摘要(内容提要)、关键词

1. 题目

题目是研究论文(报告)的主题思想，必须准确、清楚地呈现出研究的主要问题。题目要简练具体。一般来说，学术性强、理论价值较大，准备发表于专业研究杂志或学报上的研究论文(报告)，标题应精确严谨，逻辑性强。实践性较强的、准备发表于普及性报纸杂志上的研究论文(报告)，标题则应具体明确，引人注目，能引起读者对报告的兴趣和注意。如有必要，可以再以副标题的形式列出，如《海淀区义务教育阶段学生课外班参加状况的研究》《海淀区中考招生"名额分配"录取方法的研究》。

2. 内容摘要

正式发表的论文，一般应写出论文的摘要(提要)。摘要是研究的主要内容与结构的简介，并略加评论，它不是整个论文的段落大意。其作用在于使读者通过这段概括简洁的文字，了解全文主题及主要内容，从而决定是否值得读全文。为期刊文章或研究报告写的简短摘要，字数一般为 200 字左右。学术论文的摘要，往往在 500～1000 字为宜，独立成篇。要求准确简练，结构严谨，逻辑性强。例如，《海淀区义务教育阶段学生课外班参加状况的研究》的"内容摘要"。

当今的海淀，社会办学机构林立，大量的中小学生走进课外学习的课堂。这当中为兴趣学习发展能力者有之，为提高学习成绩补差者有之，为进一步提升成绩者有之。学生因课外班学习课业负担加重是一个不争的事实，本文通过对海淀区中小学生课外班参加情况进行问卷抽样调查、访谈，了解海淀区中小学生参加课外班的状况，以及课外班学习对学生全面发展所产生的影响，对相关教育主管部门提出建设性意见，促进素质教育的全面实施。

3. 关键词

关键词是以词语形式表达的内容摘要，它比内容摘要更简明。一般是在论

文中反复出现的、起到点明和强调论题之作用的关键概念、术语。一篇论文的关键词应控制在五六个之内。关键词一般和内容摘要一起出现，可写在"内容摘要"之上，也可以写在"内容摘要"之下。

例如，前面提到的论文《海淀区义务教育阶段学生课外班参加状况的研究》，其关键词可以这样写：

中小学生　　课外学习　　课业负担　　素质教育

(二)第二部分：正文

本部分包括问题的提出、研究方法和研究对象、研究结果分析、研究结论、讨论和建议。

1. 正文

正文部分即研究论文(报告)内容。通过叙述、图表、统计数字及有关文献资料，用纲目、项或篇、章、节的形式把主体内容有条理地、准确地揭示出来。

2. 研究结果

研究结果是研究报告的主要部分，要求简要地说明每一结果与研究假设的关系，将研究结果作为客观事实呈现给读者。

基本内容包括：对研究中收集的原始数据、典型案例、观察资料，用统计表、曲线图结合文字进行初步整理、分析。既有对定性资料的归纳，又有对定量资料的统计分析等。在对资料进行初步整理分析基础上，采用一些逻辑的或统计的技术手段，读出研究的初步结果或结论。

3. 研究结论

结论是围绕正文所作的结语，将研究结果进行更高层次的精确概括。对自然科学研究来说，结论是经过严密的逻辑推理作出的最后判断；对于社会科学研究来说，结论是论题被充分证明后得出的结果，作者将自己的观点鲜明地铺垫出来，并引出新的思考。

4. 讨论及建议

讨论是从理论上对研究结果的含义和意义进行分析解释与评价。讨论的内容一般包括以下几个方面：阐明结果是否支持了研究的假设，讨论研究结果的有效度和理论意义、实际意义，指明该研究的局限以及进一步需要探讨的问题。

(三)第三部分：参考文献

报告的末尾，应注明研究报告中直接提到的或引用的资料的来源。

参考文献的排列：在期刊的参考项目中，包括作者的姓名、文章标题，期刊刊名和期号；在书籍的参考项目中，包括作者姓名、书名、出版社名、出版时间及页数。

四、教育研究论文和教育研究调查报告的区别

（一）教育研究论文与教育研究调查报告的比较

	结　构	写　作　要　求	特　点	应注意的问题
教育研究论文	题目	精确严谨、逻辑性强	有新观点的提出，论点鲜明，论据充分，有理论高度和逻辑性	1. 有较强的学术性。学术性主要表现在：研究成果能为教育实践中的某一问题提供新知识，或丰富所涉及领域的知识，为新的研究过程提供新材料、新观点；研究成果是对别人的某一理论观点或实验结果的验证或修正；把一些分散的材料加以综合、系统化，用新的观点或方法加以论证，得出新的结论 2. 敢于提出独到的见解。在撰写论文时，要不盲从权威，敢于怀疑，敢于提出自己不同的见解。对事物的评价分析，有自己的独到之处，不要人云亦云 3. 行文多样性。在方法上，要善于运用各种逻辑方法，多维度、多方向、多层次地论述问题；在材料的运用上，有事例，也有数据；有正面的，也有反面的；有国内的，也有国外的。总之，各种方法要结合起来，避免单一化
	前言	简明扼要、开门见山、直截了当地阐明研究的目的		
	正文	论述方法有两种类型：一是实践证明，即用作为实践结果的客观事实来检验、证实某种理论的可靠程度；二是逻辑证明，即用一个或几个真实判断来论证、确定另一个判断的真实性		
	结论	指出所得到的结果是否支持假设，或指出哪些问题已经解决了，还有什么问题尚待进一步探讨		
	参考文献	见前面"参考文献"部分		

续表

结　构		写　作　要　求	特　点	应注意的问题
教育研究报告	标题	一般采用调查对象和主要问题作标题	有数据，有分析，有对策与思考	1. 恰当使用资料。大量使用调查数据，让事实说话。做到：点面结合，有典型事例，有综合资料；文字、数字、图表三种形式结合使用；统计资料与座谈、访问、观察资料适当结合，提高调查资料的信度　2. 恰当使用文字语言。语言要准确、简练、朴实、生动
	前言	三种写法：　1. 着重说明调查的主要目的和宗旨　2. 着重说明调查工作的具体情况　3. 直接把调查的结论写在开头，令人一目了然		
	主体	三种结构方式：　1. 按事情发展顺序叙述事实，阐明观点　2. 把调查的事实和形成的观点，按照其性质或类别分成几个部分，并列排放，分别叙述，从不同的方面说明主题　3. 前两种结构的结合		
	结尾	三种写法：　1. 概括主题，深化主题，增强说服力　2. 总结经验，提出建议　3. 展望未来，说明意义		

（二）案例分享——教育研究调查报告
海淀区义务教育阶段学生课外班参加状况的研究（节选）

内容摘要：

"教育是一个系统工程"，其中家庭、学校、社会是这个系统中缺一不可的要素，共同影响着一个人的成长。当今的海淀，社会办学机构林立，大量的中小学生走进课外学习的课堂。这当中为兴趣学习发展能力者有之，为提高学习成绩补差者有之，为进一步提升成绩者亦有之；学生兴趣使然自愿参加学习的有之，别人学我也要学的有之，迫于升学压力被家长推进课外班的亦有之。学生因课外班学习课业负担加重是一个不争的事实，本文本着真实、客观、严谨的态度，通过对海淀区中小学生课外班参加情况进行问卷抽样调查、访谈，了解目前海淀区中小学生课外班参加的状况，通过对调查问卷和访谈素材的分析和思考，了解学生在课外学习中承担的学业量，以及课外班学习对学生全面发展所产生的影响。对相关教育主管部门提出建设性意见，促进素质教育的全面实施。

关键词：中小学生 课外班 课业负担 素质教育

一、研究背景

在我国，学生课业负担过重是一个老生常谈的问题。历代党和国家领导人都十分关心这一问题，多次就学生"减负"工作做出重要指示，中央和各省地也在不断颁布"减负令"，明确提出：要确保孩子每天有1个小时以上的阳光运动时间和9个小时以上的睡眠时间，以缓解由来已久的中小学生课业负担过重问题。按理说，孩子们应有更多的课余时间，渡过快乐的青少年时光。但事实上，孩子们的负担并未减轻。因为家长还没有放过孩子！一份来自教育部门的调研结果显示，学校减掉练习册等作业后，家长几乎都会采用课外班的方式给孩子"补压"。在这样的背景下课外培训机构如雨后春笋般蓬勃发展，特别是在海淀诞生了一批对中小学生有重要影响的校外培训、辅导机构，如制点方、宽高教育、新巨人、杰瑞、人华学校、燕园学堂等。校外培训机构明确提出："做学校教育的有益补充"的理念。

社会上对于课外班看法也有不同的意见，有人认为课外班可以提高学生的学习成绩，培养学生的能力，拓展学生的视野；也有人认为课外班加重了学生的学业负担，应该取消，为学生"松绑"。

面对这样的矛盾声音，在2009年10月《中外学生》杂志在广州的调查显示，广州小学生参加课外班的比例达到 80%；而另一项在石家庄的调查显示，石家庄市小学生参加课外班的比例高达 94%，可见课外班学习已是一个学生广泛参与的学习途径，直接影响到学生学业负担。经过文献检索，在海淀区还未见到类似的调查研究。

二、研究目的

在这样的社会背景下，我们身边的真实情况是怎样的呢？我们希望通过此次抽样调查，对海淀区义务教育阶段学生参加课外班学习情况，有一个较为全面的认识，了解学生在课外学习中承担的学业量，课外班学习对学生全面发展所产生的影响。对相关教育主管部门提出建设性意见，促进素质教育的全面实施。

三、研究方法

利用精心编制的问卷在抽样学校的各个年级进行问卷调查，利用 SPSS、Excel 软件对调查结果进行了统计、分析，开展深入研究，寻找其中的共性，发现问题的本质。

四、研究对象

本次调查抽样对象为：中关村三小、民族小学、红星小学、苏家坨小学、八一中学、中关村中学、知春里中学，在各个年级随机选取 50 名学生参加问卷调查。

五、调查结果及分析

(一)直接分析部分

本次调查共发放问卷 1650 份，其中有效问卷 1427 份，无效问卷 223 份。

下面我们对每一个问题分别进行分析。（本书只节选对部分题目的分析）

1. 问题 2"你一共参加了多少个课外班？"

参加调查的 1650 人，有效问卷 1417 份，共参加了 3195 个课外班，平均每人参加 2.25 个课外班。详见表 1：

表 1

年　级	1	2	3	4	5	6	初一	初二	初三	全体
有效调查人数	170	162	158	165	172	165	143	140	142	1417
课外班数量总计	245	476	436	435	438	386	287	401	483	3195
平均参加课外班数	1.44	2.94	2.76	2.64	2.55	2.34	2.01	2.86	3.40	2.25

分析：

① 二年级参加课外班的班次是一年级的一倍多，说明通过一年级对小学学习的适应之后，更多的同学通过参加课外班来补充课堂以外的知识。

② 小学阶段二年级以后参加课外班的班次逐年下降，这说明随着年级的不断增高，学习压力不断加大，学生参加课外班的数量会逐渐减少。

③ 初中阶段，参加课外班的平均数逐渐增加，说明学生为了升入理想高中，学业压力越来越大，报班数量超过 3 个。

2. 问题 6 "是什么促使你参加辅导班的？"

这项调查希望能够了解促成学生参加课外班的最直接的原因。过去很多人认为参加课外班是家长要求的结果，但通过调查发现，"兴趣爱好"在小学的各个阶段都是参加课外班的主要的因素之一。但"家长要求"还是起到了很大的作用，一直排在第一位。这说明，现在的学生自主意识已经加强，能主动地参加课外班的学习，发展自己的能力，提高学业水平。初中阶段家长的要求作用更为明显。

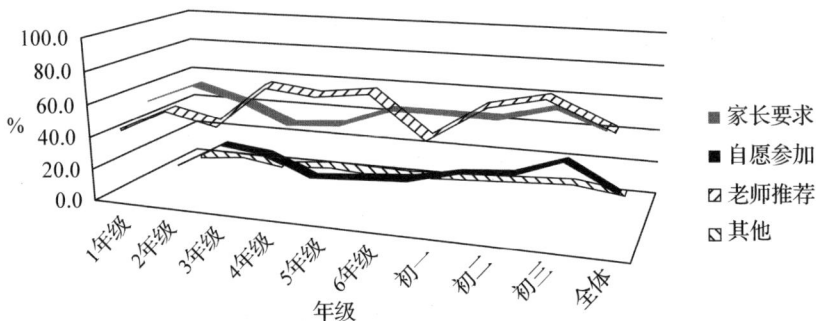

图 1　参加课外班动力来源随年级变化情况

3. 问题 7 "你觉得课内负担大还是课外负担大?"

通过调查,认为课内和课外的压力差不多的人数高达 523,占参加课外班的同学的 41.6% ,而认为课内负担大的有 35.0%。

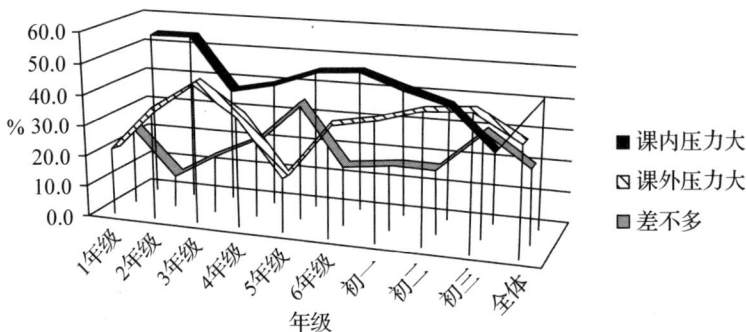

图 2　参加课外班同学对课内外压力的看法统计图

分析:

正如图 2 显示的,在小学阶段,课外的负担大于课内的负担。这已经表现出了课内外负担的严重失衡。在学校不断给学生减负的同时,课外学习的负担不断地增加,甚至大有超过课内负担的趋势。在中学阶段初一、二年级课内负担高于课外负担,初三课内外负担呈并驾齐驱之势。

4. 问题 8 "如果你可以自己选择是否参加课外班并选择课外班的种类,你是否会选择参加课外班?"

通过调查,我们可以发现不论在中小学,若学生有选择权,平均 75.3% 以上的同学都会选择他们喜欢的课外班,通过访谈发现他们喜欢的常常与现在参加的不一致。

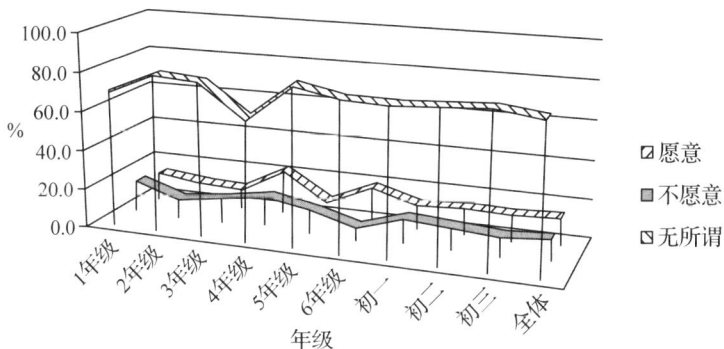

图3

（二）交叉分析

本调查中的各个问题之间有一定的相关性，通过交叉分析可以更好地反映出更深层的问题。

1. 问题2与问题7

问题2与问题7分别反映了同学参加课外班的数目与对课内外负担的感受，通过交叉分析可知：

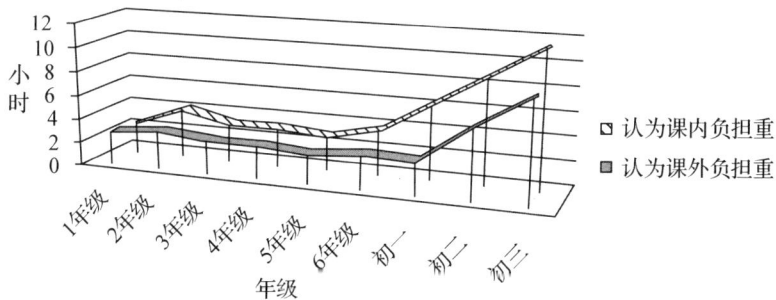

图4　课内、外压力感受与参加课外班时间的相关性统计图

图4显示，从二年级起感受课外压力大的同学所参加的课外班的时间均大于感受课内压力大的同学。由此可以发现，课外班的存在是造成学生学业压力增加的主要因素。

2. 问题 6 与问题 8

问题 6 和问题 8 分别反映的是参加辅导班的主要推动力和同学对课外班的喜爱程度。通过交叉分析可以发现两者之间的相互关系。

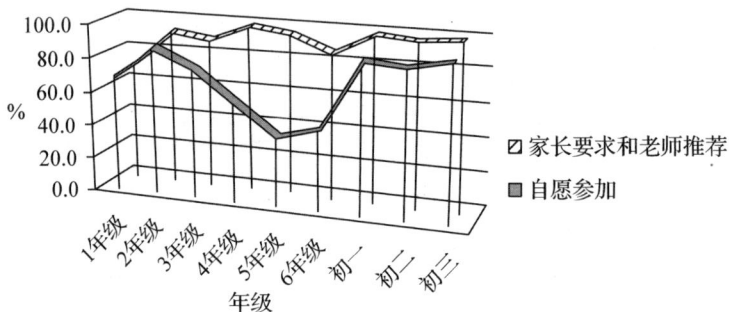

图 5 参加课外班动力来源与对课外喜爱程度的相关性

从图 5 可以看出，同学对"自愿参加"的课外班喜爱程度较高，而对于"家长要求和老师推荐"的课外班喜爱程度较低，甚至部分年级低于 50%。同时可以发现，年级越高，学生的自主意识越强，对老师和家长的安排呈现趋同性，这与学生长大了，有了一定的责任感有关。

六、总结(节选)

通过此次调查，使我们对四所小学生、三所中学参加课外班的状况有了初步的了解，从中发现：

其一，课外班的存在是海淀区义务教育阶段学生课业负担压力增大的主要原因。

参加课外班学习的同学平均每周的上课时间高达 6.1 小时，中学会更高，有不少同学会达到 12 个小时。部分小学生达到一整天的学习量，中学生达到两整天的学习量，也就意味着每周必须要占用一天，甚至两天的休息时间。

其二，同学们对参加课外班的学习也抱有很大的兴趣。

其三，选择课外班时，学生的兴趣具有很重要的作用，而家长要求和老师的推荐在选择课外班的时候起到了很大的作用，说明关键时刻家长和老师的影响力是很大的。

其四，随着年级的升高，升学压力对学生选择课外班的影响越来越明显。

建议海淀教育相关主管部门、相关学者专家研究以下五方面的内容：

一是真正改革小升初制度，彻底废除初中点招权，使占坑班没有寄生的土壤。

二是初中体制改革，向各小学明确其小五班招生条件及办法，由相关中学、小学统一组织学生参加测试，测试内容应面向学生全面素质，测试方式多样化。

三是终止中学自办或伪他办社会办学机构，让不正当生源竞争失去依托。

四是真正变革高中招生办法，为有特殊才能的学生打开升学之门，而不只是一条门缝。

五是变革高考招生制度，改变人才观，变通才教育为专才教育。

这样，校外教育才能满足学生兴趣爱好，发展学生特长，提升学生的综合素养，校外教育才能真正成为"学校教育的有益补充"，而不是成为加重学生负担的来源。这样才能真正有效地落实减轻中小学生负担的政策，使海淀的青少年在这块教育的沃土上，有更加丰富多彩的学习生活，使他们的创造能力真正地被唤醒，将来真的能成为中华民族伟大复兴的丰厚人力资源。

七、参考文献

[1] 张发金. 家长的心理期待. 甘肃教育，2007(01).

[2] 龚宏. 刍论中国考试制度与素质教育的关系. 学术交流，2005(06).

[3] 冯宜冰. 天津市塘沽区小学"减负"工作的思考与实践，天津教育，2006(09).

[4] 市城调队抽样调查结果显示：六年级孩子九成在上培训班——培训班作业成了孩子最主要的学习负担. 郑州晚报，2008-06-20.

[5] 补课：孩子受累　花钱：家长遭罪. 黑龙江日报，2009-02-11(6).

[6] 郑彦春，王德清. 中小学假期辅导班存在的问题及对策. 管理观察，2009(19).

[7] 张喜秋. 中小学生校外课程辅导的问题及意见. 长春：东北师范大学，2007.

第二节　课题研究成果的评价

课题研究成果主要呈现形式是论文。如何评价一篇论文，首先要了解论文的评价标准，也就知道了写好一篇论文的标准和要求。

评价一篇论文，应该遵从"提出问题—分析问题—解决问题"这一基本研究过程，也就是：研究什么问题，为什么研究这个问题，运用什么方法进行研究，研究的结果怎样，这几条作为论文评价的标准。以问题为出发点，以逐步回答问题为主线，以最终得出研究结论为目标。

一、论文评价的标准

(一)研究什么问题

研究以问题为诱因和起点，评价一篇研究论文的高低，首先判断研究者对研究问题的陈述是否明晰和具体。对于研究问题要明确研究什么内容，问题是否具有探讨性。研究问题的提出，角度要新，要有深度和启发性，有研究的价值，还要清楚认识问题的重点、难点和关键点，明确解决问题的突破口。

(二)为什么研究这个问题

评价一篇论文的质量时，要看论文选题的背景、意义和价值。选题水平主要体现在课题的教育教学实践意义和理论建树价值。

(三)运用什么方法进行研究

根据研究的课题选择相应的研究方法，如调查报告类的论文多采用问卷调查、访谈等方法进行研究。在论文中常用专门一部分或一段文字叙述所采用的研究方法及其运用过程，目的是让读者分析和判断该课题所使用的研究方法的适合性和科学性，从而判断所获得的研究结果的信度。

(四)研究结果怎样

研究结果主要指论文的创新点。论文的创新性是评价一篇论文质量的核心和重点。在实证研究中的新发现和新见解，在思辨研究中的新论点和独特分析，甚至所用的研究方法和新的研究思路，都可以视为论文的创新性。

二、论文评价量表——自我评价量表

论文类型	评价内容	评价指标	评价标准		
			优	及格	差
教育研究论文	题目	言简意赅，直观醒目			
		概念明确、层次分明			
	前言	清楚、完整			
		简明扼要			
		研究目的的陈述充分且逻辑性强			
	正文	研究的问题和假设叙述清楚			
		概念的界定和理论阐述清楚			
		对他人材料的引用恰当无误			
		语言准确、简练、朴实、生动			
	结论	研究的结论支持假设			
		有哪些问题已经解决，还有哪些问题尚待进一步探讨			
	参考文献	格式是否准确、规范			
教育研究报告	标题	言简意赅，直观醒目			
		概念明确、层次分明			
	前言	清楚、完整			
		简明扼要			
		研究目的的陈述充分且逻辑性强			
	主体	有关数据统计的描述充分			
		有关研究方法的描述清楚且充分			
		文字、数字、图表三种形式做到有机的结合			
		语言准确、简练、朴实、生动			
	结尾	结果和结论清楚、有效和有意义			

教学建议

1. 教师讲授：教师准备研究报告的范例，讲授课题研究成果的表述要点、一般步骤和基本要求。

2. 学习实践：各课题小组进一步梳理研究内容，完成结题报告初稿，并由专家进行指导，学员根据专家意见修改报告，完成定稿。

3. 将研究报告进行成果评价。

第七讲　课题研究与中小学教育科研的管理

课程目标

1. 明确制定教育科研课题实施计划的目的；
2. 了解课题实施计划和开题论证时的研究程序的不同；
3. 掌握课题实施计划包括哪些内容；
4. 明确实施计划时应注意的问题；
5. 了解课题研究的组织与管理；
6. 了解中小学教育科研的管理内涵。

第一节　课题研究的实施计划与管理

一、制定课题实施计划的目的

课题研究实施计划不同于课题申请表，制订课题研究计划是为了明确课题研究的方向和主题，是一份具体的实施计划书。课题申请表只是一个大致的设想，如同要盖一幢大楼，计划盖写字楼还是公寓楼，多大面积、投资多少、几年完成，是个大致的框架。而课题实施计划则是一张施工蓝图，包括具体的工期、用料、施工要求，是一个可以操作的具体图纸，看着它就能把楼盖起来。课题实施计划也是常常被忽视的方面。由于缺少实施计划，课题仕仕运转不起来，延误了宝贵的展开实验的时间。教科研课题计划一经制订，便进入关键的实施操作阶段。"制订一份切实可行的教科研课题计划（方案），就等于完成了课题研究任务的一半。"这足以说明制订课题实施计划的重要。

二、课题实施计划包括哪些内容

课题实施计划一般包括以下内容：

①研究目标；

②研究内容；

③研究措施；

④活动安排要翔实，要具体，要细化。

每一阶段要完成哪些任务，谁来负责，哪些人参与，活动的方式，活动的主题，人员的分工，活动的时间地点安排，都要列出来。计划还要包括你要达到的目标，要完成的主要任务。还包括写几篇经验总结、论文、案例，上几次公开课、什么时间上等。还包括什么时间写阶段性总结，最好附表格。

三、实施计划时应注意的问题

实施课题计划时应注意以下问题：

①应注意发挥每个课题组成员的积极性、创造性，鼓励大家尽可能多地提出有新意、有质量的实施方法。

②加强理论学习。课题研究是集学、思、做三者于一体的过程，这三者是互为因果的。由学而产生课题，由思来完善课题，由做来实践完成课题；反之，又由做来促思促学，反馈矫正课题计划的实施，从而走上一条良性循环的研究之路。孔子云："学而不思则罔，思而不学则殆。"有一句话说得好："不在于你干什么，而在于你怎样干。"这样去考虑，我们又可以得出结论——说到底，课题研究是在有目的的学习、思考的基础上的行动过程。出于怎样的学习认识、目的动机去干，会产生不同质量的行动结果。

③课题研究实施计划在制订时要尽可能做到预想周全、措施完善。课题实施时没有特殊原因，不要轻易地改变计划，力争保持一定的稳定性。

④应增加一个预备性研究阶段。规模大、时间长的课题，一开始就要求把计划安排得很符合实际，必然有很大困难。如果能先在小范围进行预备性实验或试调查，好像慢但实际既能减少损失，又能保证总体上加快速度。

⑤实事求是，留有余地。教育科研是一个实实在在的事情，要实事求是地估计主客观力量，制订切实可行的计划。

案例：

《义务教育阶段学生课外班参加情况的研究》课题组研究实施计划

一、课题研究的步骤安排

课题选定后，课题小组成员根据时间安排，制订研究计划如下：

确定选题——→论证开题——→确定排期——→确定调查方法——→问卷设计——→问卷修改——→问卷调查——→问卷统计——→问卷分析——→论文撰写——→论文修改——→论文答辩——→论文修改——→论文提交

二、调查活动日程排期表

2011 年 10 月至 12 月课题研究活动排期表如下：

义务教育阶段学生课外班状况的研究排期表（10 月份）

日期	19 日	20 日	21 日	22 日	23 日	24 日	25 日	26 日	27 日	28 日	29 日	30 日	31 日
确定选题	■	■											
论证开题			■										
确定排期				■									
确定方法													
问卷设计					■	■	■	■					
问卷修改									■	■	■	■	■

义务教育阶段学生课外班状况的研究排期表（11 月份）

日期	1 日	2 日	…	19 日	20 日	21 日	22 日	…	25 日	26 日	27 日	…	30 日
问卷调查	■	■	■	■	■								
问卷统计						■	■	■	■				
问卷分析										■	■	■	■

义务教育阶段学生课外班状况的研究排期表（12 月份）

日期	1 日	2 日	…	14 日	15 日	16 日	17 日	18 日	19 日	20 日	21 日	22 日	23 日
论文撰写	■	■	■	■	■								
论文修改						■	■						
论文答辩									■				
论文修改										■	■	■	
论文提交													■

四、课题研究的组织与管理

通常情况下，一个课题以一个研究小组的方式进行。课题小组在研究的过程中需要制定以下的规章制度。

(一)课题组管理制度

① 课题组成员务必坚持从实际出发、理论联系实际、大胆创新、勇于探索的原则，始终保持高度的热情，积极参与本课题的各项活动。

②课题组成员要根据课题小组的计划和分工安排，配合主持人对所研究的子课题进行扎扎实实的研究，及时沟通实验研究情况。

③课题组成员要准时参加各项课题活动，及时探讨课题研究中出现的问题，交流研究经验。

④课题组教师在平时的教育、教学中应充分渗入课题研究的内容，密切联系自己的教育教学工作，坚持研、教结合，学以致用。

⑤课题组成员平时注意学习和收集有关课题研究方面的书籍、杂志、文献和国内外有关课题研究方面的最新资料，并保存好收集的资料。

⑥ 要注意及时总结研究的成果，保管好研究资料。

⑦ 课题小组负责人对科研课题，要负责论证、指导(包括课题发展方向、解决研究过程中遇到的问题)，提交本阶段研究工作报告和下个阶段研究工作计划，督促科研工作的开展。

⑧ 各课题成员应根据上述制度规范本人的课题实施计划，争取在课题研究周期内实现目标，力争出成果。

(二) 课题组成员职责

1. 课题组组长职责

①负责整个课题研究的策划、组织、协调、目标考核工作，及时了解课题研究的进展，解决课题研究中存在的问题。

②邀请课题专家组专家对研究工作进行指导，确保课题研究沿着正确的方向、按正常的进度进行。

③及时提交本阶段度研究工作报告和下阶段研究工作计划，并且做好兼职的资料员，以确保研究档案的完整、有序。

④落实课题研究计划，组织开展课题组成员的理论学习、专题研讨、教学观摩、经验交流等集体研究学习活动，并做好记录。

2. 课题组组员职责

①遵守课题研究管理制度，按时按质完成承担的研究任务。高级教师、骨干教师和主研人员要发挥带头示范作用。

②认真学习领会《开题报告》《课题实施方案》和课题阶段研究方案，明确研究的目标、任务、方案和内容，领会其实质。

③主动开展理论学习，了解与本课题研究相关的理论和已有成果，提高研究的科学性。积极参加学校和学科课题组组织的集体研究学习活动，接受课题领导小组指导、检查和考核。

④课题研究常态化。在教育教学各环节，特别是课堂教学实践中，勤于思考，努力探索，不断总结，做好记录，为课题研究积累大量翔实的素材。

(三)课题组例会制度

为了更好地推动课题研究工作的开展，充分发挥课题组全体成员的力量，整体提高课题研究水平，应建立课题组例会制度。课题全成员要严格执行制度，认真履行职责。

1. 例会内容

①有关课题的理论学习、培训。

②总结前段工作，布置下段工作。

③课题进展情况交流分析。

④交流教学和研究方法，解决研究中的问题，撰写、交流反思笔记。

2. 例会要求

①两周一次，课题组长具体协调，确保例会时间和地点，严格考勤纪律，组织课题组成员按时参加课题组的学习、研讨活动和会议。

②课题组成员汇报各自的工作进展情况，交流所收集和整理的资料，及时反馈研究实验进程中存在的问题。

③根据具体情况调整课题研究实施方案，并由课题组长布置下一段时间具体的研究任务。

④注重会议的内容与质量，学习研讨都要做好记录载，不能流于形式。

(四)课题小组活动的记录

1. 记录表的设计

小组活动记录表

课题名称			
研究主题		活动时间	
主持人		记录人	
活动 主要 过程 记录			
自我 反思			
备注:做好每一次小组活动的详细记录,根据活动记录监控课题研究是否按照计划执行。			

2. 记录内容的关键点

①小组活动目标及最终达成的效果;

②活动中迸发出的"火花"——新观点,新思路;

③活动反思及下一步活动计划。

(五)课题小组与专家的联系

1. 明确专家指导意义

把握方向、理清思路、明晰重点、严谨概念,提升学术理论水平。

2. 与专家有效沟通的形式

汇报、点评、咨询等。

3. 记录表的设计

专家指导记录表

联系时间			
联系人		小组成员	
联系专家		记录人	
与专家交流的内容			
专家意见			
改正与提高			

备注：按照计划定期与指导教师进行沟通，做好详细的记录。并及时整理专家意见，对课题进行实时管理。

第二节　中小学教育科研的管理

一、中小学教育科研管理的含义

学校教育科研管理是学校管理职能的重要组成部分，是深化教育改革，提高教育质量的重要条件和动力，是提高教师队伍素质水平的重要途径。学校教育科研管理以现代管理科学的基本原理为理论基础，遵循教育科研规律，运用决策、计划、组织、控制等基本管理技能，用科学方法管理学校教育科研工作，有效发挥人、财、物、信息等要素的作用，以实现学校教育科研目标的活动过程。加强学校教育科研管理不仅是促进教育科研事业健康发展的需要，也是优化教育科研资源配置、调动教育科研人员积极性、充分发挥教育科研社会效益的需要。学校教育科研管理包括以下要素：机构和体制、政策和办法、管理者、被管理者、信息、经费、物质条件、时间、效率。

二、中小学教育科研管理的意义

当前，我国出台了一系列促进教育事业发展的政策，学校教育科研许多宏观改革与微观教学的研究成果在教育事业中的应用不断扩大，这就使得中小学教育科研活动迅速得到开展，中小学教师教育科研意识有了很大提高。中小学教师是中小学教育科研的重要力量，只会教课而不会进行教育科研的教师不是新时期的合格教师。但由于中小学教师教育教学工作繁重，制约了进行学校教育科研，从而严重制约了学校教育科研的开展，致使中小学教育科研体制处于初级阶段。因此必须通过加强学校教育科研管理，使之科学化、制度化，这是将学校教育科研工作引向深入的关键。

三、中小学教育科研管理的主要内容

(一)中小学教育科研的计划管理

每学期、每学年都要制订全校教育科研工作的计划，其中包括目的、任务、重点、措施等明确具体的安排。在这个总体计划的指导下，学校教科室要制订具体的实施管理计划，各年级、各子课题组和个人也要制订相应的研究计划，其他相关服务部门还要制订保障教育科研工作顺利开展的服务计划，从而形成教育科研管理的计划体系。对教育科研计划实施规范管理，就能克服教育科研工作的随意性和盲目性，保障教育科研走上规范化的轨道。

(二)中小学教育科研的组织管理

一要成立教育科研领导小组，二要成立教科室，三要成立教育科研重点课题研究小组。做到任务到人，职责明确。同时还要发挥教研组、年级组在教育科研中的作用。教研是科研的基础，科研能够促进教研。教研组、年级组要在开展备课教研的基础上，根据各年级特点，承担并完成一定的课题研究任务。中小学教育科研要重点建设好以下四支研究队伍：①教育管理研究队伍。负责人：校长。中层干部、年级组长、教研组长参加，研究管理实践、解决管理问题，探索管理规律，从而形成教育管理研究合力。②德育研究队伍。负责人：分管德育副校长、政教主任。全体年级组长、班主任、任课教师参加，研究方向：学生品德现状、解决学生德育问题、探索德育规律，形成德育工作的合力，从而促使学校德育工作有效与科学化。③教学研究队伍。负责人：教学副校长、教务主任。全体教研组长、任课教师参加，重点研究课程建设及各科教学中的实际问题，可根据学科不同组建若干研究队伍，形成教学研究工作的合力，促进学校教学工作的高效与科学化。④重大课题研究队伍。负责人：分管教科研副校长、教科室主任。专门研究解决重大的课题项目，促进学校以课题为中心的教育科研整体优化和高水平化。

(三)中小学教育科研的制度管理

一般包括五项制度：①规划制度。规划的制定，既要参照一个时期内全国和地方教育科研规划的要求，更要切合学校的实际情况。要把学校的科研项目按轻重缓急、难易程度、规模大小，区分出不同层次。明确主攻方向和具体任务，做到统一部署，密切协调，使学校的全部教育科研活动形成一个有机的系统。②目标考核制度。目标考核制度的具体内容，是把教育科研工作的目标应该达到的程度列为学校管理水平、办学水平的考核指标，与教科室、教研组和教师个人业绩的考核指标挂钩。③监督检查制度。对已立项的课题研究实施过程的定期检查、督促以及项目负责人定期汇报等，对原方案或计划中的不妥之处及时调整，对遇到的问题及时帮助解决。④经费保障制度。对学校预算内的科研经费和上级下达的科研项目经费，要确保专款专用，并切实加强使用监督检查。⑤要以制度化的形式对取得科研成果的教师给予精神上的表彰和物质上的奖励。要把中小学教师的教育科研成果与职务评聘、评优、晋升、获取科研资助，以制度化的形式联系起来。

四、学校教育科研管理的目的和原则

学校教育科研管理的根本目的是高效率地完成科研任务，投入尽量少的时间、金钱和精力。取得尽量多的高质量的有用的成果，并在成果的运用与推广过程中提高教育质量和效益，促进学校的发展。

学校教育科研要掌握以下四个原则。

(一)为提高教育质量和效益服务的原则

学校教育科研是要探索我们还未掌握的教育工作的性质和规律，以便更好地运用这些性质和规律来提高教育教学的效率和水平，深化教育教学改革，提高教育教学的质量和效益。

(二)科学性原则

既要遵循教育教学的规律，还要遵循管理科学的规律，要努力通过科学化的管理来提高教育科研方法和成果的科学化水平。在管理过程的每一个环节上都要坚持科学的标准，特别是检查指导、评估验收两个环节，更需把科学性这个标准放在首位。

(三)实事求是的原则

既要坚持科学的标准，又不能犯教条主义的错误，应该从学校的实际情况出发，具体问题具体对待。

(四)全面性原则

教育科研需要全过程和全方位的管理。

五、学校教育科研管理的基本思路

(一)提高校长的科研意识

科研管理是校长的重要职责之一。近年来一些教育科研先进校的经验证明：学校校长"了解科研、参与科研、指导科研和保证科研"在教育科研管理中起了决定性的作用。学校校长要带头积极开展教育科研，创造新的经验，以便更有效地指导全校的教育科研，由"经验型"转化为"学者型"，做学校教育科研的带头人。

(二)培养良好的科研氛围

学校教育科研工作，受到一定的学校文化环境和学术环境的外在影响。这就需要培养良好的教育科研氛围。它包括：①良好的观念氛围。观念决定着研究者的态度、情感、毅力和成就。我们必须克服影响学校教育科研改革与发展的不良观念：第一，教育科研神秘观；第二，教育科研恐惧观；第三，教育科研名利观；第四，教育科研无用观。同时树立四个正确的新观念：一是树立"科研兴教"的观念；二是树立"教育要改革，科研需先行"的观念；三是树立"向科研要质量"的观念；四是树立"教师是教育科研主力军"的观念。②良好的活动氛围。学校校长应采取有效措施积极地开展各种丰富多彩的科研活动，使学校的教育科研持之以恒，有声有色，形成浓厚的学术空气，在校内形成一定的群众性的科研环境；使教师意识到：研究课题就在自己的教育活动之中，每个人都有做教育科研的责任，每个人都有做教育科研的能力，只要不断努力探索，都能取得研究的成果；使大家真正领悟到，一所好的学校应该形成教育科研活动的浓厚氛围。

(三)结合教育教学搞科研

在学校的教育科研方向上，应以研究教育实际问题为主，从实际出发，从自己的教育实践中找课题。注重应用和实践，使学校教育科研能见到实效，解决教育教学中的实际问题。坚持科研与教学结合，以教育教学工作带动科研工作，以科研促教育教学工作，形成干什么研究什么、研究什么学习什么、研究什么调查什么，并把教育教学工作计划和课题研究方案结合起来、把工作过程和课题研究试验过程结合起来、把工作总结和撰写研究报告或研究论文结合起来。

(四)重视科研成果的评价

学校教育科研成果的评价，是学校教育科研管理中的一种导向机制。学校教师对于教育科研的含义与过程并不是很了解，通过科研成果的评价，就可以向他们提供重要的反馈信息，告诉他们什么是科研，应该怎样去进行研究，什么是高质量的、优秀的科研成果。因此，在学校教育科研管理上，必须重视科研成果的评价工作，评价得正确、科学，就能引导学校教育科研工作正确开展，取得应有的效益。

六、学校教育科研的具体管理

(一)科研思想管理

没有足够的思想认识便没有相应的积极行动，学校针对教育科研的"四性"开展思想教育工作，努力培养教师的科研理念，在校园里形成崇尚教育科研的氛围。"四性"是教育科研的必要性、解决问题的可能性、时代发展的紧迫性、教育科研的效益性。

(二)科研目标管理

学校教育科研具有双重目标，一是以发现和建立新的教育理论，丰富和发展教育科学体系为目标；二是以提高教师素质，提高学校教育质量和办学效益为目标。其中后者是主要目标。

(三)科研队伍管理

教育科研管理同其他管理一样，其实质是对人的管理，建立一支既善教又善研的科研队伍，是学校开展好教育科研的人力保障。

(四)科研计划管理

1. 编制学校的科研规划和年度计划

教育科研规划是对学校未来教育科研活动的设计，具体表现为学校教育科研课题的规划。即在调查与预测的基础上确定本校在以后某一时期的学校教育科研目的和实现手段，以课题为单元做出系统的部署。

2. 科研计划的实施

打印学校课题指南→学校教师选题→填写课题立项申请书。教师也可以自行确定课题。

(五) 科研组织管理

建立学校教育科研组织管理机构→选择适当的学校教育科研组织形式→充分发挥学校教育科研的组织效能。

(六)科研过程管理

第一步：培训教师理解科研的全过程。

第二步：重视研究方案的设计。

第三步：对研究过程进行监督。

(七)科研实验过程管理

课题研究是教育科研的主体阶段，课题研究的科学性与实效性直接关系着教育科研能否发挥其应有的作用，关系到教育改革的成败。所以，学校必须高度重视课题研究过程中的操作管理，这是学校搞好课题研究的前提条件和重要环节。

(八)科研制度管理

学校教育科研制度是学校管理制度的一个重要组成部分，是关于学校教育科研工作的基本的、相对稳定的方针与政策。良好的教育科研制度是学校做好科研工作的根本保障。它包括八个方面的内容：规划制度、立项制度、学习制度、检查指导制度、经费使用制度、成果管理制度、评估验收制度、表彰制度。

(九)科研成果评价管理

科研成果的评价管理。在课题完成之后，要做好成果的验收工作，对学校教育科研成果进行及时认真的评价和适当的奖励。学校教育科研成果的评价，是依据一定的价值标准，通过规定的程序，对学校教育科研成果进行价值判定的过程。第一个步骤是对参与评价的书面材料进行鉴定。第二个步骤是从研究的目的和价值的角度，给予综合的价值判断，以确认其研究水平和研究效益。

（十）科研档案管理

学校教育科研档案是在教育科研活动中形成的文字、声音、图像等各种形式的原始而直接的记录。不仅记载了学校教育科研活动的过程和结果，即真实反映了学校教育科研的历史，而且生动地说明了教育科研在学校建设与发展中的作用。所以教育科研档案管理对于学校教育科研工作的良性发展具有十分重要的意义。它包括三个方面：①学校要训练和培养出高素质的档案管理人员。②学校应根据《中华人民共和国档案法》《中华人民共和国档案法实施办法》的相关规定，制定切实可行的管理办法，这是学校科研档案管理走向制度化、科学化、规范化的必由之路。③学校领导要有现代管理意识，将计算机等现代技术引进到档案管理之中，使学校档案管理能够迅速、准确地为学校教育科研提供各种服务，成为一种提高学校教育科研效益的重要资源。

教学建议

1. 教师指导：具体指导学员如何制订课题实施计划。

2. 学习实践：

(1)在教师指导下撰写教育科研课题实施计划。反复讨论，并进行修改、完善。

(2)认真开展课题小组的活动，掌握记录课题小组活动内容的方法与技巧。

(3)掌握与指导专家有效沟通的技巧，获取最大量的信息支持。

(4)在教师指导下深刻理解学校教育科研管理的思想与内涵。

思考与练习

(1)起草制定详细的课题实施计划，做好每一次小组活动的详细记录，根据活动记录监控课题研究是否按照计划执行。

(2)按照计划定期与指导教师进行沟通，做好详细的记录。并及时整理专家意见，对课题进行实时管理。

参考文献

[1]教育部人事司.中小学教育科学研究与应用[M].南京：南京师范大学出版社，2009.

[2]陈伙平，王东宇，丁革民，等.教育科学研究方法[M].福州：福建教育出版社，2008.

[3]赵新云.教育科学研究方法[M].北京：中国人民大学出版社，2009.

[4]蒋泓洁.中小学教育科学研究方法[M].北京：北京师范大学出版社，2010.

[5]胡中锋.教育科学研究方法[M].北京：清华大学出版社，2011.

[6]袁能先.中小学教育实用基础[M].成都：四川大学出版社，2010.

[7]邱小捷.中小学教育科研方法[M].北京：高等教育出版社，2004.

[8]孙菊如，周新雅，等.学校教育科研[M].北京：北京大学出版社，2007.

[9]裴娣娜.教育研究方法导论[M].合肥：安徽教育出版社，1994.

[10]张建.研究报告撰写指导[M].北京：教育科学出版社，2003.

[11]陈玉云.教育教学文献综述的撰写[J].教学与管理，2009(6)：35.

[12]赵丽，范蔚.十年来我国校本课程开发研究现状与展望[J].新课程研究，2009(10)：98.

[13]康永久.当代公立学校制度变革研究述评[J].比较教育研究，2004(11)：18.

[14]乔元正.基础教育阶段中美两国择校行为比较研究[D].长沙：湖南师范大学，2010(5)：30.

[15]徐玉珍.校本课程开发背景、现状及展望[J].比较教育研究，2001(8)：25～26.

[16]朱旭东，周钧.教师专业发展研究述评[J].中国教育学刊，2007(1)：69～71.

[17]陈玉云．教育教学文献综述的撰写[J]．教学与管理，2009(6)：35.

[18]肖丽萍．国内外教师专业发展研究述评[J]．中国教育学刊，2002(5)：60.

[19]郑金洲．中小学教育科研指导丛书[M]．北京：教育科学出版社，2002.

[20]李德煌，阮秀华．谈科研课题开题报告的撰写[J]．福建教育学院学报，2004(1)：77.

[21]杨晓萍．教育科学研究方法[M]．重庆：西南师范大学出版社，2006.

[22]李哉平，金遂，陈彩堂．对中小学教育科研课题开题论证的在思考[J].基础教育研究，2008(12)：22.

[23]朴太秀．教育科研课题研究关注点探讨[J]．黑龙江教育学院学报，2012(2)：2.

[24]徐炳嵘．开题报告：从蓝图走向实施[J]．江苏教师研究，2012(3)：57～60.

[25]曹正善．论开题报告的逻辑结构[J]．学位与研究生教育，2008(1)：10～12.

[26]陈向明．质性研究的新发展及其对社会科学研究的意义[J]．教育研究与实验，2008(2)：14～18.

[27]陈向明．从一个到全体——质的研究结果的推论问题[J]．教育研究与实验，2000(2)：1～8.

[28]陈向明．教师为什么要作"质的研究"[J]．广东教育，2002(1)(2)：42～43.

[29]Cohen，L.，Manion，L. & Morrison，K. Research Methods in Education，London：Routledge，2011.

[30] Lincoln，Y. S. & Guba，E. G. Naturalistic Inquiry，Newbury，CA：Sage Publications，1985.

[31]Punch，K. Introduction to Research Methods in Education，London：SAGE，2009.

[32]Thomas，G. How to Do Your Research Project：A Guide for Students in Education and Applied Social Sciences，London：SAGE，2009.

[33]凌文霞．试论观察调查法在教育研究中的应用[J]．赤峰学院学报：自

然科学版，2009，25(5)：179～180.

[34]张鲲．如何运用教育观察研究法评课[J]．英语教师，2009(10)：12～14.

[35]张艳．中小学教师怎样进行课题研究(六)——教育科研方法之教育观察法[J]．教育理论语实践，2008(6)：39～41.

[36] Cohen，L.，Manion，L.&Morrison，K.Research Methods in Education，London：Routledge，2011.

[37] Foster，P. Observing Schools：A Methodological Guide，London：Paul Chapman，1996.

[38]韩延伦．教育研究方法[M]．北京：高等教育出版社，2011.

[39]潘慧玲．教育研究的取经：概念与应用[M]．上海：华东师范大学出版社，2005.

[40]孟庆茂．教育科学研究方法[M]．北京：中央广播电视大学出版社，2001.

[41]裴娣娜．教育研究方法导论[M]．合肥：安徽教育出版社，1994.

[42]张文彤，闫洁.SPSS统计分析基础教程[M]．北京：高等教育出版社，2004.

[43]社会学院科协调查研究部．问卷统计分析与SPSS应用调查研究部培训材料：2版．内部资料，2009.

[44]王孝玲．教育统计学[M]．上海：华东师范大学出版社，2007.

[45]吴亚萍．统计分析指导[M]．北京：教育科学出版社，2003.

[46]赵世明．问卷编制指导[M]．北京：教育科学出版社，2006.